Heme aquí

¿A quién enviaré, y quién irá por nosotros? Isaías 6:8

Devocional Interactivo con Año Bíblico para la Obra del Colportaje

E. G. White

Heme aquí

¿A quién enviaré, y quién irá por nosotros? Isaías 6:8

Devocional Interactivo con Año Bíblico para la Obra del Colportaje

E. G. White

Copyright © 2018 International Missionary Society,
Seventh-day Adventist Church, Reform Movement,
General Conference
P.O. Box S
Cedartown, GA 30125
USA

Autor: E. G. White, El Colportor Evangélico
Compilación: R. Orce Sotomayor
Diseño: Saray Porras

Copyright © 2018 Publishing Department & Canvassing Department
625 West Avenue
Cedartown, GA 30125
USA
Tel.: (+1) 770-748 0077 / Fax (+1) 770-748 0095
e-mail:publishing@sda1844.org

No se permite la reproducción total o parcial de este libro, ni su almacenamiento en un sistema informático, ni su transmisión en cualquier forma o por cualquier medio electrónico, mecánico, fotocopia u otros métodos, sin el permiso del editor.

Contenido

Introducción 7

Enero 9

Febrero 41

Marzo 71

Abril 103

Mayo 135

Junio 167

Julio 199

Agosto 231

Septiembre 263

Octubre 295

Noviembre 327

Diciembre 359

Introducción

"*Yo estoy entre vosotros como el que sirve.*" Lucas 22:27.
La venta de nuestras publicaciones es una obra de evangelización importante y muy beneficiosa. Nuestras publicaciones pueden ir a lugares donde no se pueden celebrar reuniones. En lugares tales el fiel colportor evangélico ocupa el lugar del predicador viviente...

Ojalá el Señor tocara el corazón de muchos jóvenes y señoritas para que ingresen en el campo de las publicaciones como colportores evangélicos. Por medio de esta obra se presenta la verdad a miles que de otra manera no la oirían. El tiempo que tenemos para trabajar es corto. Muchísimos necesitan la disposición de la sensibilidad que hay en ellos para hacerlos levantarse e ir a trabajar. El Señor está llamando a los obreros precisamente ahora...

¿Por qué no hay una búsqueda más diligente del Señor, para que centenares puedan ser llenos con el Espíritu Santo y salgan prestamente a proclamar la verdad "ayudándoles el Señor y confirmando la palabra con las señales que la seguían"Marcos 16:20? Nuestra comisión es permitir que la luz brille en todas direcciones desde las prensas. Por medio de las páginas impresas la luz llega a los aislados que no tienen oportunidad de escuchar a los predicadores vivientes. Esta es una muy bendita obra misionera. Los colportores pueden ser la mano ayudadora del Señor, abriendo puertas para la entrada de la verdad.

Escójanse jóvenes para manejar los libros que contienen la verdad presente... Esta es una obra sagrada, y los que entran en ella deben poder dar testimonio en favor de Cristo.

Los jóvenes que ingresan en esta obra debieran relacionarse con los de más experiencia, quienes, si son consagrados a Dios, pueden ser una gran bendición para ellos, enseñándoles las cosas de Dios y mostrándoles cómo trabajar mejor para El. Si los jóvenes se ocupan de su propia salvación con temor y temblor, sabrán por experiencia que Dios está obrando en ellos el querer y el hacer por su buena voluntad.

No sólo los hombres sino también las mujeres pueden entrar en este campo del colportaje. Y los colportores deben salir de dos en dos. Este es el plan del Señor.

Se me ha instruido para estimular esfuerzos definidos a fin de conseguir manos ayudadoras para hacer la obra misionera, para dar estudios bíblicos y vender los libros que contienen la verdad presente. De este modo se puede hacer un trabajo hábil en la búsqueda de las almas. Jóvenes, se pide la ayuda de ustedes. Hagan un pacto con Dios con sacrificio. Empiecen su obra. El es la suficiencia de ustedes. *"Esfuérzate y aliéntate"*. Daniel 10:19.—*Pacific Union Recorder,* 23 de octubre de 1902.

Enero

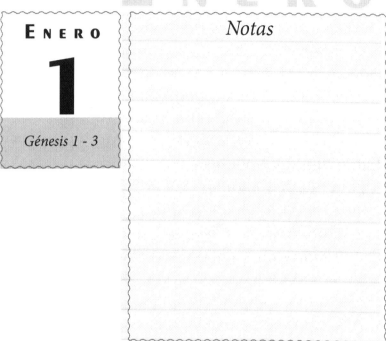

ENERO

1
Génesis 1 - 3

Notas

~~~

Nuestras publicaciones tienen que realizar una obra muy sagrada y presentar en forma clara, sencilla y llana la base espiritual de nuestra fe. Por doquiera la gente hace sus decisiones; todos están tomando posiciones, o bajo el estandarte de la verdad y la justicia, o bajo el estandarte de las potencias apóstatas que están contendiendo por la supremacía.

ENERO

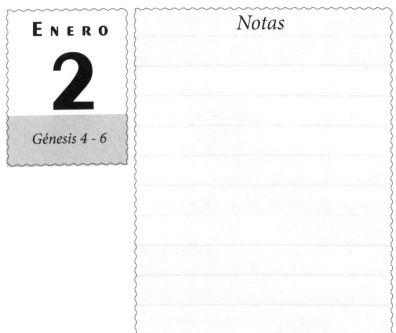

ENERO 2

Génesis 4 - 6

Notas

En este tiempo se ha de dar al mundo el mensaje de Dios con tanto énfasis y poder que la gente se vea frente a frente con la verdad, y deba decidir con su mente y su corazón. Debe ser inducida a ver la superioridad de la verdad sobre los múltiples errores que procuran atraer la atención y suplantar, si fuese posible, la Palabra de Dios para este tiempo solemne.

Heme aquí

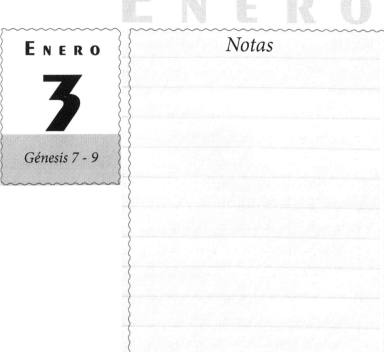

ENERO

3

Génesis 7 - 9

Notas

El gran objeto de nuestras publicaciones es ensalzar a Dios, llamar la atención de los hombres a las verdades vivas de su Palabra. Dios nos invita a enarbolar, no nuestro propio estandarte, no el estandarte de este mundo, sino el de la verdad.

ENERO

4
Génesis 10 - 13

Notas

Me fue mostrado en repetidas ocasiones que nuestras prensas debieran estar continuamente ocupadas en publicar la luz y la verdad. El tiempo actual es un tiempo de tinieblas espirituales para las iglesias del mundo. La ignorancia de las cosas divinas ha encubierto a Dios y la verdad de la vista de los hombres. Las fuerzas del mal se congregan y fortalecen. Satanás promete a sus asociados que hará una obra que seducirá al mundo entero.

Heme aquí

ENERO

5

Génesis 14 - 17

Notas

Mientras que la actividad de la iglesia es sólo parcial, Satanás y sus ejércitos están desplegando una actividad intensa. Las iglesias seudocristianas están muy lejos de haber convertido al mundo, pues ellas mismas se han dejado corromper por el egoísmo y el orgullo; y necesitan experimentar el poder regenerador de Dios en su seno antes de poder guiar a otros hacia un ideal más elevado y más puro.

ENERO 6

Génesis 18 - 20

Notas

La obra con nuestros libros debe constituir el medio de dar rápidamente la sagrada luz de la verdad presente al mundo. Las publicaciones que salen de nuestras prensas hoy, han de ser de tal carácter que fortalezcan cada estaca y cada pilar de la fe que fue establecida por la Palabra de Dios y por las revelaciones de su Espíritu.

Heme aquí - **15**

E N E R O

E N E R O

7

Génesis 21 - 23

Notas

La verdad que Dios ha dado para su pueblo en estos últimos días debe mantener a sus hijos firmes cuando vengan a su iglesia personas que presenten falsas teorías. La verdad que ha permanecido firme contra los ataques del enemigo durante más de medio siglo debe continuar siendo la confianza y el consuelo del pueblo de Dios.

Enero

8

Génesis 24 - 25

Notas

La evidencia que podemos dar, ante los que no profesan la religión, de que tenemos la verdad de la Palabra de Dios, consistirá en una vida de estricta abnegación. No hemos de hacer una burla de nuestra fe, sino que debemos tener siempre delante de nosotros el ejemplo de Aquel que, aunque era príncipe del cielo, descendió a una vida de abnegación y sacrificio para vindicar la justicia de la palabra de su Padre. Resolvamos cada uno de nosotros hacer lo mejor que nos sea posible, a fin de que la luz de nuestras buenas obras brille ante el mundo.

E N E R O

9

Génesis 26 - 27

Notas

Las páginas impresas que salen de nuestras casas de publicación, deben preparar a un pueblo para ir al encuentro de su Dios. En el mundo entero, estas instituciones deben realizar la misma obra que hizo Juan el Bautista en favor de la nación judaica. Mediante solemnes mensajes de amonestación, el profeta de Dios arrancaba a los hombres de sus sueños mundanos. Por su medio, Dios llamó al arrepentimiento al apóstata Israel. Por la presentación de la verdad desenmascaraba los errores populares.

Enero

Enero 10

Génesis 28 - 30

Notas

En contraste con las falsas teorías de su tiempo, la verdad resaltaba de sus enseñanzas con certidumbre eterna. "Arrepentíos, que el reino de los cielos se ha acercado" (Mat. 3:2). Tal era el mensaje de Juan. El mismo mensaje debe ser anunciado al mundo hoy por las páginas impresas que salen de nuestras casas editoriales. . . .

Es también, en gran medida, por medio de nuestras imprentas como debe cumplirse la obra de aquel otro ángel que baja del cielo con gran potencia y alumbra la tierra con su gloria.

Enero 11

Génesis 31 - 32

Notas

Nuestros impresos debieran ir a todo lugar. Publíquense en muchos idiomas. El mensaje del tercer ángel debe darse por este medio tanto como por la predicación de viva voz. Despertad, vosotros que creéis en la verdad para este tiempo. Os incumbe el deber actual de proveer todos los medios posibles para sostener a quienes comprenden la verdad, para que la proclamen. Una parte de los ingresos provenientes de la venta de nuestras publicaciones debiera servir para aumentar nuestro equipo de herramientas, a fin de poder así producir una cantidad mayor de impresos destinados a abrir los ojos de los ciegos y a enternecer los corazones.

Enero

Enero
12
Génesis 33 - 35

Notas

Hay muchos lugares en los cuales no puede oírse la voz del predicador, lugares que pueden ser alcanzados únicamente por nuestras publicaciones, los libros, periódicos y folletos que contienen las verdades bíblicas que el pueblo necesita. Nuestras publicaciones han de ser distribuidas por todas partes. La verdad ha de ser sembrada junto a todas las aguas; pues no sabemos cuál ha de prosperar, si esto o lo otro. En nuestro juicio falible podemos pensar que no es aconsejable dar las publicaciones precisamente a las personas que más rápidamente aceptarían la verdad. No sabemos cuáles pueden ser los resultados al entregar un solo folleto que contiene la verdad presente.

Heme aquí

ENERO

ENERO

13

Génesis 36 - 37

Notas

De ciudad en ciudad, y de un sector a otro del campo, ellos [los colportores evangélicos] han de llevar las publicaciones que contienen la promesa del pronto regreso del Salvador. Estas publicaciones han de ser traducidas a todos los idiomas, porque el Evangelio ha de predicarse a todo el mundo. A todo obrero, Cristo le promete la divina eficiencia que convertirá sus labores en un éxito.

ENERO

ENERO
14
Génesis 38 - 40

Notas

El mundo debe recibir la luz de la verdad por el ministerio evangelizador de la Palabra, efectuado por nuestros libros y periódicos…De nuestros libros y periódicos han de emanar brillantes rayos de luz que han de iluminar al mundo con respecto a la verdad presente…

ENERO

ENERO

15

Génesis 41 - 42

Notas

Debidamente desempeñada, la obra del colportor es una obra misionera del más elevado carácter, y para presentar a las gentes las verdades importantes para nuestros tiempos no se puede emplear método mejor y más afortunado. No se puede negar la importancia de la predicación, pero muchos que están hambrientos del pan de la vida no tienen el privilegio de oír la palabra de los ministros delegados por Dios. Por lo tanto es esencial que nuestras publicaciones sean esparcidas por todas partes. De esta manera llegará el mensaje donde el ministro no puede ir, y la atención de muchos será llamada a los importantes sucesos relacionados con las últimas escenas de la historia de este mundo.

ENERO

ENERO
16
Génesis 43 - 45

Notas

Dios ha ordenado el colportaje como un medio de presentar a la gente la luz contenida en nuestros libros, y los colportores deben comprender cuán indispensable es presentar al mundo tan pronto como sea posible los libros necesarios para su educación e ilustración espirituales. Esta es en verdad la obra que el Señor quiere que su pueblo haga en este tiempo. Todos los que se consagran a Dios para trabajar como colportores están ayudando a dar el último mensaje de amonestación al mundo. No podemos estimar demasiado altamente esta obra; porque si no fuese por los esfuerzos del colportor, muchos no oirían nunca la amonestación.

Heme aquí

ENERO

17

Génesis 46 - 48

Notas

Si hay una obra más importante que otra, es la de presentar al público nuestras publicaciones, induciéndolo así a escudriñar las Escrituras. La obra misionera -que consiste en introducir nuestras publicaciones en el seno de las familias, conversar y orar con ellas-, es una obra buena que instruirá a los hombres y mujeres acerca de cómo realizar la labor pastoral.

Enero

Enero 18

Génesis 49 - 50

Notas

Cuando los miembros de la iglesia se den cuenta de la importancia de la circulación de nuestras publicaciones, dedicarán más tiempo a esta obra. Las revistas, los folletos y los libros serán colocados en los hogares de la gente, para predicar el Evangelio en sus diversos aspectos. . . . La iglesia debe dar atención a la obra del colportaje. Esta es una de las formas en que debe brillar en el mundo. Entonces será "hermosa como la luna, esclarecida como el sol, imponente como ejércitos en orden"

ENERO

19

Éxodo 1 - 3

Notas

Se me recuerda constantemente la importancia del colportaje. Últimamente no se le ha infundido a esta obra la vida que le dieron una vez los agentes que hicieron de ella su especialidad. Se sacó a los colportores de su obra evangelizadora para que se dedicasen a otros trabajos. Esto no es como debiera ser. Muchos de nuestros colportores, si estuviesen verdaderamente convertidos y consagrados, podrían hacer más en este ramo que en cualquier otro en cuanto a presentar a la gente la verdad para este tiempo.

Enero

20

Éxodo 4 - 6

Notas

La Palabra de Dios nos muestra que el fin se acerca. Hay que amonestar al mundo, y como nunca antes debemos trabajar para Cristo. Se nos ha confiado la obra de amonestación. Debemos ser conductos de luz para el mundo e impartir a otros la luz que recibimos del gran Portaluz. Serán probadas las palabras y las obras de todos los hombres. No nos rezaguemos ahora. Lo que debe hacerse para amonestar al mundo se ha de hacer sin dilación. No se deje languidecer la obra del colportaje. Preséntense a tantas personas como se pueda los libros que contienen la luz sobre la verdad presente.

E N E R O

21

Éxodo 7 - 9

Notas

Los colportores han de salir a hacer su obra en las diversas partes del país. La importancia de esta obra se equipara plenamente a la del ministerio. El predicador vivo y el mensajero silencioso se necesitan por igual para la realización de la gran tarea que afrontamos.

ENERO

ENERO
22
Éxodo 10 - 12

Notas

El trabajo de colportar con nuestras publicaciones constituye una rama muy importante y provechosa de la obra evangélica. Nuestras publicaciones pueden ir a lugares donde no se pueden realizar reuniones. En tales sitios el fiel colportor evangélico ocupa el lugar del predicador vivo. Por medio de la obra del colportaje se presenta la verdad a miles de personas que de otra manera nunca la podrían oír.

Enero

E N E R O
23
Éxodo 13 - 15

Notas

No tenemos tiempo que perder. Hay una obra importante delante de nosotros, y si somos siervos perezosos perderemos ciertamente la recompensa celestial. Pero pocos son los que tienen una visión amplia y extensa de lo que puede realizarse para alcanzar a la gente por medio de esfuerzos personales e interesados en una sabia distribución de nuestras publicaciones. Muchos que no serían inducidos a escuchar la verdad presentada por el predicador vivo, aceptarán un folleto o una revista y lo leerán con cuidado; muchas de las cosas que leen concuerdan exactamente con sus ideas, y así se interesan en leer todo lo que contiene.

Enero

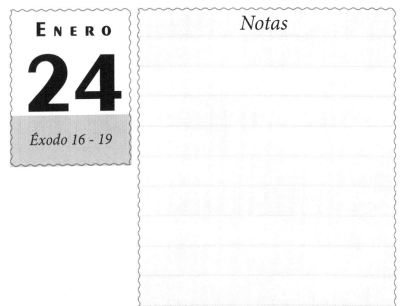

E N E R O

24

Éxodo 16 - 19

Notas

Existe el peligro de que nos dejemos invadir por un espíritu de mercantilismo y absorber tanto en los negocios terrenales, que las verdades de la Palabra de Dios no se manifiesten en nuestra vida. El amor de los negocios y de la ganancia se vuelve siempre más dominante. Hermanos míos, sean vuestras almas realmente convertidas. Si hubo alguna vez un tiempo en que fuese necesario comprender nuestra responsabilidad, es ahora, cuando la verdad está caída en la calle y la rectitud no puede entrar.

ENERO

ENERO
25
Éxodo 20 - 22

Notas

Satanás ha bajado teniendo gran poder, para obrar con todas las seducciones de injusticia en aquellos que perecen; y todo lo que es susceptible de ser removido lo será; solamente subsistirán aquellas cosas que no puedan serlo. El Señor vendrá; estamos entrando en escenas de calamidades. Los agentes de Satanás aunque invisibles, se esfuerzan por destruir las vidas humanas. Pero si nuestra vida está escondida con Cristo en Dios, contemplaremos su gracia y su salvación.

ENERO

26
Éxodo 23 - 25

Notas

El Señor viene para establecer su reino sobre la tierra. Que nuestras lenguas sean santificadas y empleadas para su gloria. Trabajemos ahora como no lo hicimos nunca. Somos exhortados a instar "a tiempo y fuera de tiempo" (2 Tim. 4: 2). Debemos crear oportunidades para la presentación de la verdad, y aprovechar toda ocasión que se nos presente para atraer las almas al Salvador.

ENERO

27
Éxodo 26 - 28

Notas

Como pueblo, debemos volver a convertirnos, de manera que nuestra vida santificada anuncie la verdad tal cuál es en Jesús. Al mismo tiempo que repartimos nuestras publicaciones, podemos, con el corazón ardiente y palpitante, hablar del amor del Salvador. Sólo Dios, puede perdonar los pecados; si no comunicamos este mensaje a los inconversos, nuestra negligencia puede implicar su perdición.

ENERO

ENERO
28
Éxodo 29 - 30

Notas

El Señor nos pide a todos que nos esforcemos para salvar las almas que perecen. Satanás está obrando; procura seducir aun a los mismos escogidos; ahora es el momento de trabajar con vigilancia. Debe darse publicidad a nuestras libros y periódicos; el Evangelio de la verdad presente debe ser dado sin tardanza a nuestras ciudades. ¿Cumpliremos con nuestro deber?

ENERO

ENERO
29
Éxodo 31 - 33

Notas

Recuerde el colportor que tiene la oportunidad de sembrar junto a todas las aguas. Recuerde, mientras vende los libros que dan el conocimiento de la verdad, que está haciendo la obra de Dios, y que todo talento debe ser empleado para gloria de su nombre. Dios estará con todo aquel que trata de conocer la verdad a fin de poderla presentar a otros claramente. Dios ha hablado con sencillez y claridad; "Y el Espíritu y la Esposa dicen: Ven. Y el que oye, diga: Ven. Y el que tiene sed, venga" (Apoc. 22:17). Sin tardanza debemos instruir a aquellos que lo necesitan, a fin de que sean llevados al conocimiento de la verdad tal como es en Jesús.

Enero

ENERO
30
Éxodo 34 - 36

Notas

Ha llegado el tiempo en que los colportores deben hacer una gran obra. El mundo está dormido y, como atalayas, ellos han de hacer repercutir la amonestación para despertar a los que duermen a fin de que conozcan su peligro. Las iglesias no conocen el tiempo de su visitación. Con frecuencia la mejor manera en que pueden aprender la verdad, es por medio de los esfuerzos del colportor. Los que salen en nombre del Señor son sus mensajeros para dar a las multitudes que están en las tinieblas y el error las gratas nuevas de la salvación en Cristo en obediencia a la ley de Dios.

ENERO

31
Éxodo 37 - 38

Notas

Salgan los colportores con la Palabra del Señor, recordando que los que obedecen los mandamientos y enseñan a otros a obedecerlos serán recompensados al ver las almas convertirse; y un alma verdaderamente convertida traerá otras a Cristo. Así entrará la obra en nuevos territorios.

Febrero

Febrero

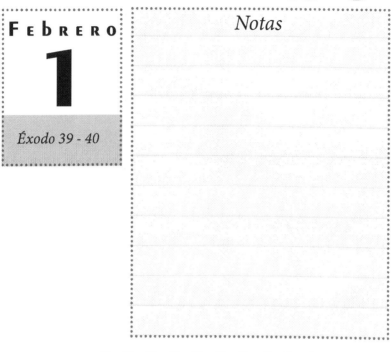

Febrero 1
Éxodo 39 - 40

Notas

Mientras dure el tiempo de gracia, habrá oportunidad para que el colportor trabaje. Cuando las denominaciones religiosas se unan con el papado para oprimir al pueblo de Dios, lugares donde existe libertad religiosa serán abiertos por medio del colportaje evangélico. Si en un lugar la persecución se hace severa, procedan los obreros como Cristo enseñó. "Mas cuando os persiguieron en esta ciudad, huid a la otra". Si la persecución llega allí, id aun a otro lugar.

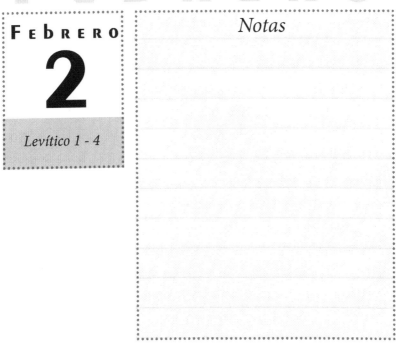

Dios guiará a sus hijos, convirtiéndolos en una bendición en muchos lugares. Si no fuera por la persecución no estarían tan ampliamente esparcidos para proclamar la verdad. Y Cristo declara: "No acabaréis de andar todas las ciudades de Israel, que no venga el Hijo del hombre" (Mat. 10: 23). Hasta que en los cielos se proclame el decreto, "Hecho es", siempre habrá lugares para trabajar, y corazones que reciban el mensaje.

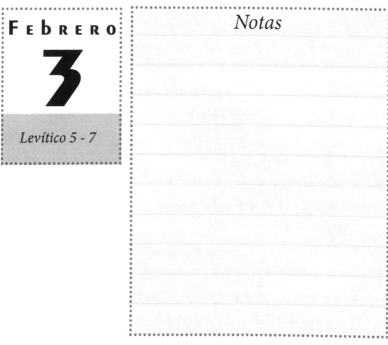

Hay una gran obra que hacer, y debe realizarse todo esfuerzo posible para revelar a Cristo como el Salvador que perdona el pecado, Cristo como el que carga con el pecado, Cristo como la brillante estrella matutina; y el Señor nos dará favor ante el mundo hasta que la obra esté terminada.

Febrero

4

Levítico 8 - 10

Notas

No hay otra obra superior a la del colportaje evangélico, pues ella envuelve el cumplimiento de los deberes morales más importantes. Los que toman parte en ella necesitan estar siempre bajo la influencia del Espíritu de Dios. No hay que ensalzarse a sí mismo. ¿Qué es lo que tiene cualquiera de nosotros que no lo haya recibido de Cristo? Debemos amarnos como hermanos, revelando nuestro amor al ayudarnos unos a otros. Debemos ser misericordiosos y corteses.

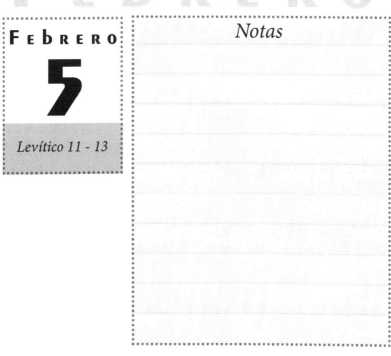

Debemos juntarnos más, trabajando mano a mano. Sólo los que viven en armonía con la oración de Cristo, actuando en conformidad con ella en la vida práctica, podrán soportar la prueba que vendrá sobre todo el mundo. Los que se exaltan a sí mismos se ponen bajo el poder de Satanás, y se preparan para ser víctimas de sus engaños. La palabra del Señor a su pueblo es que hemos de levantar la bandera alto y más alto.

FEBRERO 6
Levítico 14 - 15

Si obedecemos a su voz, él obrará con nosotros y nuestros esfuerzos serán coronados de buen éxito. En nuestra obra recibiremos ricas bendiciones de lo alto y almacenaremos tesoros junto al trono de Dios. Si sólo supiéramos lo que nos espera en el camino no nos mostraríamos tan apáticos en la obra del Señor.

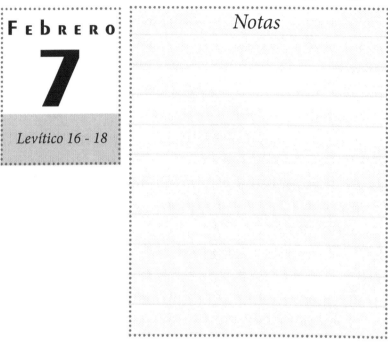

Febrero 7

Levítico 16 - 18

Estamos en el tiempo del zarandeo, el tiempo en que lo que pueda sacudirse será sacudido. El Señor no disculpará a los que conocen la verdad, si no obedecen su mandato en palabra y obra. Si no nos esforzamos por llevar almas a Cristo, nos hará responsables de la obra que hubiéramos podido hacer y que descuidarnos por causa de nuestra indolencia espiritual. Los que pertenecen al reino del Señor han de trabajar con celo para ganar almas. Han de hacer lo que puedan para restaurar la ley y sellarla entre los discípulos.

Febrero 8

Levítico 19 - 21

Notas

El Señor quiere que la luz que derramó sobre las Escrituras resplandezca en rayos claros y brillantes; y es deber de nuestros colportores hacer un esfuerzo enérgico y concertado para que se cumpla el designio de Dios. Nos espera una obra grande e importante. El enemigo de las almas lo comprende y está empleando todo medio de que dispone para inducir al colportor a emprender algún otro ramo de trabajo. Debe cambiarse este orden de cosas.

Heme aquí

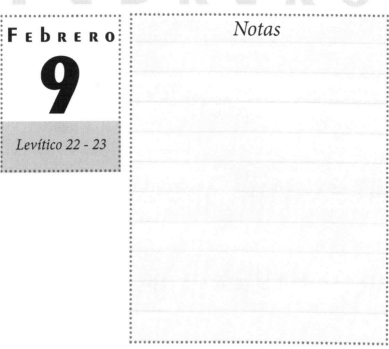

Dios invita a los colportores a que vuelvan a su trabajo. Pide voluntarios que dediquen todas sus energías y entendimiento a la obra y ayuden dondequiera que haya oportunidad. El Maestro invita a cada uno a hacer según su capacidad la parte que le ha sido confiada. ¿Quiénes responderán al llamamiento? ¿Quiénes saldrán, henchidos de sabiduría, gracia y amor a Cristo, a trabajar en favor de los que están cerca y lejos?

Febrero

10

Levítico 24 - 25

Notas

¿Quiénes sacrificarán la comodidad y el placer, y penetrarán en los lugares donde reina el error, la superstición y las tinieblas, para obrar con fervor y perseverancia, presentar la verdad con sencillez, orar con fe y trabajar de casa en casa? ¿Quiénes saldrán en este tiempo fuera del campamento, dotados del poder del Espíritu Santo, para soportar oprobio por amor a Cristo, explicar las Escrituras a la gente y llamarla al arrepentimiento?

Dios tiene obreros en toda época. Satisface la demanda de la hora con la llegada del hombre apropiado. Cuando clame la voz divina: "¿A quién enviaré, y quién nos irá?" llegará la respuesta: "Heme aquí, envíame a mí" (Isa. 6: 8). Todos los que trabajan eficazmente en el colportaje deben sentir en su corazón que están haciendo la obra de Dios al ministrar a las almas que no conocen la verdad para este tiempo. Están proclamando la nota de advertencia en los caminos y los vallados, a fin de preparar un pueblo para el gran día del Señor, que pronto ha de sobrecoger al mundo.

Febrero
12
Números 1 - 2

Notas

No tenemos tiempo que perder. Debemos alentar esta obra. ¿Quiénes saldrán ahora con nuestras publicaciones? El Señor imparte idoneidad para la obra a todo hombre y mujer que quiera cooperar con el poder divino. Obtendrán todo el talento, el valor, la perseverancia, la fe y el tacto que requieren, cuando se pongan la armadura. Debe hacerse una gran obra en nuestro mundo, y los agentes humanos responderán ciertamente a la demanda. El mundo debe oír la amonestación. Cuando llegue la invitación: "¿A quién enviaré, y quién nos irá?" contestad en forma clara y distinta: "Heme aquí, envíame a mí"

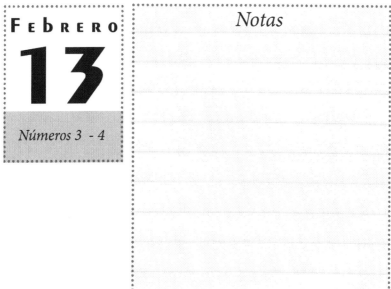

FEBRERO 13
Números 3 - 4

Los espectadores negligentes no aprecian tal vez nuestro trabajo ni ven su importancia. Tal vez piensen que es un negocio que reporta pérdidas, una vida de labor ingrata y sacrificio propio. Pero el siervo de Jesús la ve de acuerdo con la luz que brilla de la cruz. Su sacrificio le parece pequeño en comparación con el de su bendito Maestro, y se alegra de seguir en sus pisadas. El éxito de su labor le proporciona el gozo más puro, y es la más rica recompensa de una vida de trabajo paciente.

Febrero

14

Números 5 - 6

Notas

La obra del colportaje es una obra de gran responsabilidad, y significa mucho para los hombres y mujeres que se ocupan en ella. Vivimos en un tiempo en que hay una gran obra que hacer, ¿y qué mejor oportunidad podremos tener de proclamar la invitación a la cena que Cristo ha preparado? Los que en este tiempo emprendan la obra del colportaje con fervor y consagración serán grandemente bendecidos. No tenéis tiempo que perder.

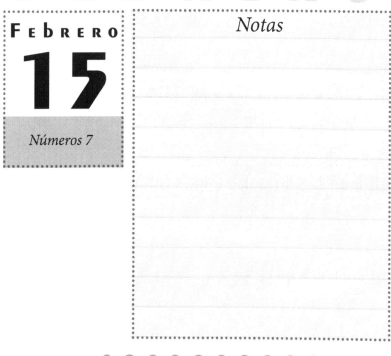

Consagraos voluntaria y abnegadamente a la realización, de esta obra. Recordad que es evangélica en su naturaleza, y que ayuda a dar la amonestación que se necesita grandemente. Noche tras noche me encuentro frente a la gente, siendo portadora de un testimonio muy positivo, rogándoles que estén bien despiertos, y que acometan la obra de hacer circular nuestras publicaciones.

Febrero 16

Números 8 - 10

El campo de colportaje necesita reclutas. Los que se empeñen en esta obra con el espíritu del Maestro hallarán entrada en los hogares de aquellos que necesitan la verdad. Pueden referirles la sencilla historia de la cruz, y Dios los fortalecerá y los bendecirá mientras conducen a otros a la luz. La justicia de Cristo los precede y la gloria de Dios es su retaguardia.

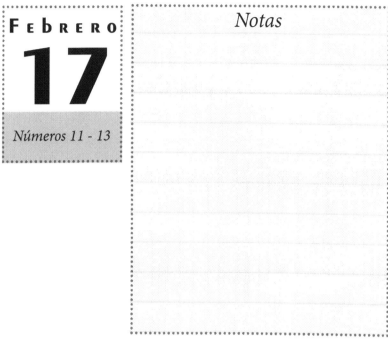

Febrero 17

Números 11 - 13

No debe descuidarse por más tiempo la obra del colportaje. Muchas veces se me ha revelado que debe manifestarse un interés más extenso en nuestra obra de colportaje. La circulación de nuestras publicaciones es un medio muy importante para presentar a los hombres la luz que Dios le ha confiado a su iglesia para que la dé al mundo. Los libros que nuestros colportores venden revelan a muchas personas las riquezas inescrutables de Cristo.

FEBRERO 18
Números 14 - 15

En el servicio del Señor hay obras de muchas clases que deben realizarse. En el servicio del templo [de Israel] había grabadores en madera tanto como sacerdotes de varias categorías a quienes se les habían encargado diferentes responsabilidades. Les toca a nuestros miembros de iglesia levantarse y brillar, porque ha llegado su luz, y la gloria del Señor está sobre ellos.

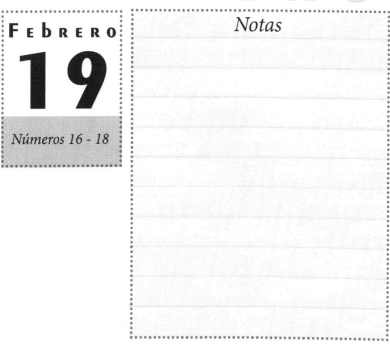

Despierten de su sueño los que conocen la verdad, y hagan todo esfuerzo para amonestar a la gente en el lugar donde están. No debemos descuidar por más tiempo la obra del Señor y hacerla secundaria a intereses mundanos. No tenemos tiempo para estar ociosos ni desanimados. Ha de proclamarse a todo el mundo el Evangelio. Han de circular por todo lugar las publicaciones que contienen la luz de la verdad presente.

F e b r e r o
20
Números 19 - 21

Notas

¿Por qué no estamos más despiertos? Cada obrero puede comprender ahora la obra especial que le incumbe y recibir fuerzas para emprenderla de nuevo. Manifestaciones claras y singulares de la gloria ilimitada de Dios traerán a los pies de Jesús ofrendas de homenaje de diversas clases. Cada nueva revelación del amor del Salvador hace que algún alma escoja seguir o el bien o el mal; porque el fin de todas las cosas es inminente. Los hombres del mundo se precipitan a su ruina. Sus designios y sus alianzas son numerosos. Siempre se introducirán nuevos ardides para anular los planes de Dios. Los hombres están amontonando tesoros de oro y plata que van a ser consumidos por los fuegos de los últimos días.

Febrero
21
Números 22 - 24

Notas

El año nuevo está delante de nosotros, y deben trazarse planes para realizar un esfuerzo fervoroso y perseverante en el servicio del Maestro. Hay mucho que hacer para impulsar la obra de Dios. Se me ha indicado que la obra del colportaje ha de revivir y ha de ser llevada adelante con éxito creciente. Es la obra del Señor, y los que la emprendan con fervor y diligencia recibirán una bendición.

- Heme aquí

El Señor llama a muchos a ocuparse en la obra del colportaje. . . . Por causa de Cristo, hermanos y hermanas, aprovechad hasta el máximo las horas del nuevo año para hacer brillar ante la gente la preciosa luz de la verdad presente. El ángel del pacto está dotando a sus siervos del poder para que lleven la verdad a todas partes del mundo. Ha enviado a sus ángeles con el mensaje de misericordia; pero, como si no se apresuraran lo suficiente para satisfacer el amoroso anhelo de su corazón, colocan sobre cada miembro de su iglesia la responsabilidad de proclamar este mensaje.

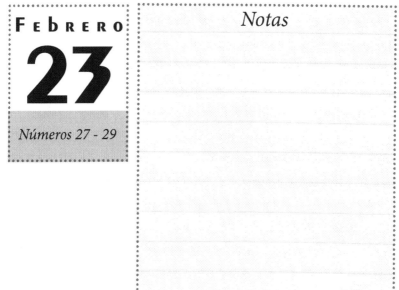

"El que oye, diga ven". Todo miembro de la iglesia ha de mostrar su lealtad invitando a los sedientos a beber del agua de la vida. Una cadena de testigos vivientes ha de llevar la invitación al mundo. ¿Realizarás tu parte en esta gran obra? Cristo llama a muchos misioneros, tanto hombres como mujeres para que se consagren a Dios y estén dispuestos a gastar y ser gastados en su servicio.

Febrero 24
Números 30 - 31

Notas

¡Oh! ¿podemos dejar de recordar que existe un mundo por el cual trabajar? ¿No avanzaremos paso a paso permitiendo que Dios nos use como su mano ayudadora? ¿No nos colocaremos sobre el altar del servicio? Entonces, el amor de Cristo nos tocará y transformará, convirtiéndonos, por su causa, en personas dispuestas a trabajar con osadía.

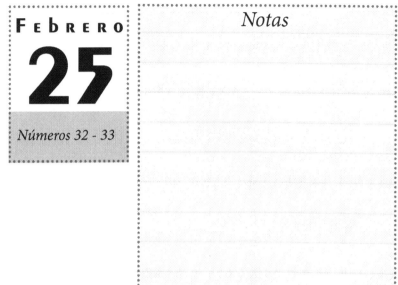

Febrero 25

Números 32 - 33

Notas

Muchas personas, tanto hombres como mujeres, pueden hacer una excelente obra colportando con libros que estén llenos de una instrucción directa y sencilla sobre la piedad práctica. El Señor llama a los jóvenes a trabajar como colportores y evangelistas, a realizar obra de casa en casa en lugares que aún no han escuchado la verdad.

Febrero 26

Números 34 - 36

El se dirige a nuestros jóvenes diciendo: "Porque comprados sois por precio: glorificad pues a Dios en vuestro cuerpo y en vuestro espíritu, los cuales son de Dios". Los que avancen en la obra bajo la dirección de Dios serán maravillosamente bendecidos. Aquellos que en esta vida hacen lo mejor que pueden obtendrán una idoneidad para la futura vida inmortal.

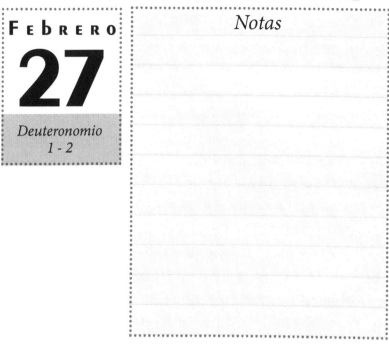

Tenemos una obra que hacer. Educad, educad, educad a jóvenes para que se consagren al ministerio de la palabra. Educadlos para que lleguen a ser colportores, a fin de que vendan los libros que el Señor por su Espíritu ha impresionado las mentes a escribir. Este material de lectura será dado así a una numerosa clase de personas que nunca oiría la verdad a menos que fuera llevada hasta sus puertas. Esta es la obra del evangelista.

Febrero 28

Deuteronomio 3 - 4

Notas

Cristo pide que muchos jóvenes se ofrezcan voluntariamente para llevar luz al mundo. Se necesitan hombres de fibra moral, hombres que sean capaces de encontrar la obra que tengan a mano, porque la están buscando. La iglesia necesita nuevos hombres para comunicar energía a sus filas, hombres para estos tiempos, aptos para contender con sus errores, hombres que inspire un celo renovado a los desfallecientes esfuerzos de los pocos obreros, hombres cuyos corazones estén encendidos con el amor cristiano, y cuyas manos estén ávidas de realizar la tarea del Maestro.

Heme aquí

MARZO

Quiera el Señor conmover a muchos de nuestros jóvenes para que entren en el campo del colportaje. Por medio de esta obra la verdad es presentada a millares que de otra manera no la oirían. El tiempo que tenemos para trabajar es breve. . . .¿Por qué no existe una búsqueda más diligente del Señor, de manera que centenares de personas sean llenadas del Espíritu Santo y salgan a proclamar la verdad, "obrando con ellos el Señor, y confirmando la palabra con las señales" que seguirán?

MARZO

2

Deuteronomio 8 - 10

Nuestra comisión consiste en permitir que la luz brille por doquiera a través de la prensa. Por medio de la página impresa la luz alcanza a las personas aisladas, que no tienen la oportunidad de escuchar a los predicadores vivos. Esta es una obra misionera muy bendecida. Los colportores pueden ser la mano ayudadora del Señor, abriendo las puertas para que entre la verdad. . . .

MARZO
3
Deuteronomio 11 - 13

Notas

Debemos despertar el celo y el fervor de los colportores, instándoles a que lleven la luz a los lugares tenebrosos de la tierra. No hay descanso para alguien que tenga talentos y capacidades. Se les pide que sean los instrumentos del Señor, que cooperen con el Señor Jesús para difundir la luz del cielo por este mundo entenebrecido por el pecado.

Dios llama a obreros de todas las iglesias para que entren en su servicio como colportores evangélicos. Dios ama a su iglesia. Si los miembros hacen su voluntad, si luchan por impartir la luz a los que están en tinieblas, él bendecirá grandemente sus esfuerzos. Representa a la iglesia como la luz del mundo. Por medio de su fiel servicio, una multitud de personas que ningún hombre puede contar llegarán a convertirse en hijos de Dios, aptos para la gloria eterna.

Todos los sectores del dominio de Dios han de ser llenados con su gloria. ¿Qué está haciendo, pues, la iglesia para iluminar al mundo, para que en todas partes de la tierra se eleve hacia él un tributo de alabanza, oración y acción de gracias?

Esparza todo creyente folletos y libros que contengan el mensaje para este tiempo. Necesitamos colportores que salgan a hacer circular nuestras publicaciones por doquiera.

En esta obra final del Evangelio hay un vasto campo que ocupar, y, más que nunca antes, la obra debe alistar ayudantes de entre el común del pueblo. Tanto jóvenes como mayores serán llamados del campo, del viñedo y del taller y enviados por el Maestro para dar su mensaje. Muchos de ellos habrán tenido pocas oportunidades para educarse, pero Cristo ve en ellos cualidades que los capacitarán para cumplir su propósito. Si hacen de corazón el trabajo y siguen aprendiendo, Cristo los capacitará para trabajar por él.

Hay una labor misionera que ha de ser hecha por medio de la distribución de folletos y periódicos y por el colportaje con nuestras publicaciones. Nadie de vosotros piense que no puede ocuparse en esta obra porque es abrumadora, y requiere tiempo y pensamiento. Si necesita tiempo, dedicadlo alegremente; y las bendiciones de Dios descansarán sobre vosotros. Nunca hubo un tiempo en que se necesitaran más obreros que ahora. Hay hermanos y hermanas en todas nuestras filas que deben disciplinarse para dedicarse a esta obra; algo debe hacerse en todas nuestras iglesias para esparcir la verdad. Es deber de todos estudiar los diversos puntos de nuestra fe, para que puedan estar preparados para dar razón de la esperanza que hay en ellos, con mansedumbre y reverencia.

Muchos están tristes y desanimados, débiles en fe y confianza. Hagan algo para ayudar a alguien más necesitado que ellos mismos y llegarán a ser fuertes en el poder de Dios. Ocúpense en la buena obra de vender nuestros libros. Así ayudarán a otros, y la experiencia obtenida les dará la seguridad de que son ayudadores de Dios. Al suplicar al Señor que los dirija, él los guiará a aquellos que buscan la luz. Cristo estará junto a ellos enseñándoles lo que deben decir y hacer. Al consolar a otros, ellos mismos serán consolados.

Los ángeles os acompañarán preparando el camino. Os ruego, queridos obreros cristianos, que hagáis lo que podáis para hacer circular los libros que el Señor ha dicho que deben sembrarse extensamente por todo el mundo. Haced cuanto podáis porque los compren todas las familias que sea posible. Pensad en la gran obra que podrá cumplirse si muchos creyentes se unieran en un esfuerzo por presentar a la gente, mediante la circulación de estos libros, la luz que el Señor ha declarado debe dársele. Bajo la dirección divina, avanzad en la obra y buscad la ayuda del Señor. El Espíritu Santo os acompañará. Los ángeles del cielo serán vuestros compañeros y prepararán el camino.

MARZO

10

Deuteronomio 32 - 34

Notas

Necesitamos colportores, evangelistas, ministros, que hayan recibido el Espíritu Santo, y que sean participantes de la naturaleza divina. Necesitamos obreros que sean capaces de hablar con Dios y después con el pueblo. Estoy alarmada al ver cuántas obstrucciones se presentan para distraer a los hombres de la obra evangélica, y así dificultar la obra de Dios. . . . Amonesto a todos los que deben estar en la obra del colportaje, haciendo circular los libros que tanto se necesitan por doquiera, a ser cuidadosos y a no desviarse de la obra que el Señor nos ha llamado a realizar.

Marzo

11

Josué 1 - 4

Notas

Que los hombres que Dios ha llamado a hacer obra evangélica no se enreden con las perplejidades de los negocios. Mantengan sus almas en la atmósfera más favorable a la espiritualidad. ... Dios quiere que todo obrero que pretende creer en la verdad presente se consagre -en cuerpo, alma y espíritu- a la obra de tratar de salvar a las almas que perecen a su alrededor.

Marzo

12

Josué 5 - 7

Notas

Los libros que contienen la preciosa luz de la verdad presente y que yacen en los estantes de nuestras casas editoras deben hacerse circular. Se necesitan colportores que vayan a las grandes ciudades con estos libros. Al ir de casa en casa, encontrarán almas que están hambrientas de vida, a las cuales pueden hablar palabras oportunas. Se necesitan colportores que sientan una preocupación por las almas. Podéis decir: "Yo no soy pastor. No puedo predicar a la gente".

No, podéis no ser aptos para predicar, pero podéis ministrar, podéis preguntar a las personas con quienes os encontráis si aman al Señor Jesús. Podéis ser evangelistas. Podéis ser la mano ayudadora de Dios, trabajando como lo hicieron los discípulos cuando Cristo los envió. Jóvenes, señoritas, el Maestro os llama a realizar su obra. Hay hambre en el campo por el Evangelio puro.

Las cosas de este mundo han de perecer pronto. Esto no lo disciernen los que no han sido divinamente iluminados, los que no han mantenido el paso con la obra de Dios. Hombres y mujeres consagrados deben salir para hacer sonar la amonestación por los caminos y vallados. Insto a mis hermanos y hermanas a que no se ocupen en una obra que les impida proclamar el Evangelio de Cristo. Sois los voceros de Dios.

MARZO
15
Josué 13 - 15

Notas

Habéis de presentar la verdad con amor a las almas que perecen. "Ve por los, caminos y por los vallados, y fuérzalos a entrar, para que se llene mi casa", dice Cristo. ¿No señalan estas palabras con toda claridad la obra del colportor? Con Cristo en su corazón, ha de ir por todos los caminos de la vida, con una invitación a la cena de bodas. Vendrán hombres de riqueza e influencia, si son invitados. Algunos rechazarán, pero gracias a Dios, no todos.

MARZO

16

Josué 16 - 19

Notas

Ojalá que millares más de nuestros hermanos tuvieran la comprensión del tiempo en que vivimos, y de la obra que ha de ser hecha en el campo, de casa en casa. Hay muchos, muchísimos que no conocen la verdad. Necesitan oír el llamado a acudir a Jesús. Los tristes han de ser alegrados, los débiles fortalecidos, los que están de duelo consolados. Ha de predicarse el Evangelio a los pobres.

MARZO
17
Josué 20 - 22

El Señor conoce a sus obreros y vela sobre ellos, cualquiera sea el sector de la viña donde trabajen. El pide que su iglesia se levante y se dé cuenta de la situación. Pide que los que están en nuestras instituciones despierten y pongan en operación influencias que hagan progresar su reino. Envíense obreros al campo, y trátese luego de que el interés de estos obreros no flaquee por falta de simpatía y de oportunidades para su desarrollo.

MARZO

18

Josué 23 - 24

Notas

Esta es una obra que debe ser hecha. El fin está cerca. Ya se ha perdido mucho tiempo. Estos libros ya deberían haber estado en circulación. Vendedlos lejos y cerca. Esparcidlos como las hojas de otoño. Esta obra ha de continuar sin que nadie la estorbe. Las almas están pereciendo lejos de Cristo. Sean ellas amonestadas acerca de su próximo aparecimiento en las nubes del cielo.

MARZO
19
Jueces 1 - 3

Notas

Las ovejas perdidas del redil de Dios están esparcidas por todos los lugares, y se está, descuidando la obra que debe ser hecha en su favor. Por la luz que me ha sido dada, sé que debiera haber cien colportores donde hay uno actualmente. Puede hacerse una obra grande y buena con el colportaje evangélico. El Señor ha dado a los hombres tacto y capacidad. Los que usen para la gloria de él los talentos que se confió y entretejan con su vida los principios bíblicos, recibirán éxito. Hemos de trabajar, orar y poner nuestra confianza en Aquel que nunca fracasará.

MARZO 20
Jueces 4 - 6

Puesto que el colportaje con nuestras publicaciones es una obra misionera, debe ser dirigido desde un punto de vista misionero. Los que son elegidos como colportores deben ser hombres y mujeres que sientan la preocupación de servir, cuyo objeto no sea obtener ganancia, sino dar luz a la gente. Todo nuestro servicio debe prestarse para gloria de Dios, para dar la luz de la verdad a los que están en tinieblas. Los principios egoístas, el amor a las ganancias, la dignidad, o los puestos, no deben mencionarse siquiera entre nosotros.

MARZO 21

Jueces 7 - 8

La obra del colportaje es más importante de lo que muchos la han considerado, y debe utilizarse tanto cuidado y sabiduría para seleccionar a los obreros como para elegir a hombres para el ministerio. Puede prepararse a jóvenes para que realicen una obra mucho mejor de la que han estado haciendo y con un pago mucho menor que el que han recibido. Elevad la norma y permitid que los que se niegan a sí mismos y se sacrifican, los que aman a Dios y a la humanidad, se unan al ejército de obreros. Vengan, no esperando cosas fáciles, sino resueltos a ser valientes y de buen ánimo frente a las contrariedades y las dificultades. Vengan los que pueden dar un buen informe de nuestras publicaciones debido a que ellos mismos aprecian su valor.

Marzo

22

Jueces 9 - 10

Notas

Nuestros hermanos deben manifestar discreción al seleccionar colportores, a menos que se hayan propuesto que la verdad sea mal entendida y mal representada. Deben dar a todos los verdaderos obreros buenos sueldos, pero la suma no debe aumentarse para comprar colportores, porque esto los perjudica. Los hace egoístas y despilfarradores. Tratad de impresionarlos con el espíritu de la verdadera obra misionera y con las calificaciones necesarias para obtener éxito. El amor de Jesús en el alma inducirá al colportor a sentir que es un privilegio trabajar para difundir la luz. Estudiará, hará planes y orará sobre este asunto.

Algunos están mejor dotados que otros para hacer cierta obra; por lo tanto, no es correcto pensar que cualquiera puede ser colportor. Algunos no tienen adaptabilidad especial para esta obra; pero no debe considerárselos por esto como infieles o poco voluntarios. El Señor no es irrazonable en sus requerimientos. La iglesia es un jardín en el cual hay una variedad de flores, cada una con sus propias peculiaridades. Aunque en muchos respectos son todas diferentes, cada una tiene su propio valor.

Dios no espera que, con sus diferentes temperamentos, cada uno de sus hijos esté preparado para cualquier puesto. Recuerden todos que hay variados cometidos. A ningún hombre le toca prescribir la obra de otro contra las propias convicciones que éste sienta acerca de su deber. Es correcto dar consejos y sugerir planes; pero cada uno debe quedar libre para buscar la dirección de Dios, pues a él pertenece y a él sirve.

MARZO

MARZO
25
Jueces 17 - 19

Notas

Jóvenes y señoritas que debieran ocuparse en el ministerio, en la obra bíblica y en la obra de colportaje, no deben ser retenidos en empleos mecánicos. Se necesitan misioneros por doquiera. Por todas partes del campo deben seleccionarse colportores, no del elemento flotante de la sociedad, no de entre los hombres y mujeres que no son buenos para ninguna otra cosa ni han tenido éxito en nada, sino de entre los que tengan buen trato, tacto, aguda previsión y capacidad. Tales son las personas que se necesitan para que sean colportores de éxito. Hombres adecuados para esta labor la emprenden, pero algunos pastores faltos de visión los adularán diciéndoles que sus dones deben ser empleados en un escritorio y no en la simple obra del colportaje.

MARZO
26
Jueces 20 - 21

Notas

Así esta obra es disminuida. Son influidos a obtener una credencial para predicar, y precisamente las personas que podrían haber sido preparadas para ser buenos misioneros y para visitar a las familias en sus hogares y hablar y orar con ellas, son llevadas para ser ministros pobres, y el campo donde se necesita tanta obra y donde puede realizarse tanto bien para la causa es descuidado. El colportor eficiente así como el ministro, debe tener una remuneración suficiente por sus servicios si su obra es hecha con fidelidad.

No todos se hallan capacitados para esta obra. Los que tengan los mejores talentos y habilidades, los que emprenden la obra con comprensión y sistemáticamente, y la lleven adelante con perseverante energía, son los que deben ser elegidos. Debe haber un plan muy cuidadosamente organizado y debe ponerse en ejecución con toda fidelidad. Las iglesias de todos los lugares deben sentir el más profundo interés en la labor misionera con nuestras publicaciones.

Marzo

MARZO
28
1 Samuel 1 - 3

Notas

Elíjanse jóvenes cristianos para hacer circular los libros que contienen la verdad presente. Los jóvenes que no tienen experiencia religiosa no deben ser aceptados como colportores para trabajar con nuestros libros, porque no pueden representar en forma adecuada la preciosa verdad que debe ser difundida. Enviar a tales jóvenes al campo de colportaje es injusto para ellos y para la obra del Señor. Esta es una obra sagrada, y los que la emprenden deben ser capaces de dar testimonio por Cristo.

Heme aquí

El colportaje es la mejor forma de obtener experiencia. Estad seguros de que estas almas se hallan sinceramente convertidas antes de animarlas a trabajar en algún aspecto de la obra. Trabajen luego, y Dios obrará con ellas. La obra del colportaje debe ser considerada como sagrada, y los que tengan manos impuras y corazones corrompidos no deben ser animados a entrar en ella.

MARZO 30

1 Samuel 8 - 11

Notas

Los ángeles de Dios no pueden acompañar a las personas no consagradas a los hogares de la gente; por lo tanto todos los que no están convertidos, cuyos pensamientos son corruptos, los que dejarían la mancha de sus imperfecciones sobre todas las cosas que toquen, deben abstenerse de manejar la verdad de Dios.

Heme aquí -

El Señor ha instituido un plan por el cual muchos de los alumnos de nuestros colegios pueden aprender lecciones prácticas necesarias para tener éxito en la vida posterior. Nos ha dado el privilegio de colocar preciosos libros que han sido dedicados al avance de nuestra obra educacional y médica. Mientras trabajan con estos libros, los jóvenes adquirirán una experiencia que les enseñará cómo hacer frente a los problemas que los esperan en regiones más lejanas.

Abril

1

1 Samuel 15 - 16

Notas

Durante su vida escolar, a medida que manejan estos libros, muchos aprenden cómo aproximarse a las personas en forma cortés, y cómo ejercer tacto para conversar con ellas sobre diferentes puntos de la verdad presente. Al alcanzar un grado de éxito financiero, algunos aprenderán lecciones de economía, que serán de gran ventaja para ellos cuándo sean enviados como misioneros.

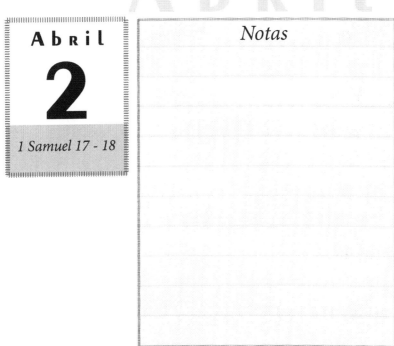

Abril 2
1 Samuel 17 - 18

Nuestras escuelas han sido establecidas por el Señor, y si son dirigidas de acuerdo con sus propósitos, la juventud enviada a ellas será rápidamente preparada para ocuparse en varias ramas de la obra misionera. Algunos serán capacitados para entrar en el campo como enfermeros misioneros, otros como colportores, otros como evangelistas, otros como maestros, y otros como ministros evangélicos.

Heme aquí

Cuando finalizan las clases, habrá oportunidad para que muchos salgan al campo como colportores evangélicos. El fiel colportor se abre camino a muchos hogares, donde deja un precioso material de lectura que contiene la verdad para este tiempo. Como estudiantes, debéis estar siempre aprendiendo en la escuela de Cristo; habréis de aportar a vuestra obra el capital de energía física y mental que os fue confiado.

Abril 4
1 Samuel 22 - 24

Dios no aceptará un corazón dividido. Hay hombres y mujeres que deben estar educándose para ser colportores e instructores bíblicos. Deben eliminar todo pensamiento no santificado y toda práctica corruptora, para ser santificados por la verdad. Deben ser participantes de la naturaleza divina habiendo huido a la corrupción que está en el mundo por concupiscencia. Nada menos que el poder de Dios os hará y os conservará justos. Habéis de ofrecer a Dios nada menos que lo mejor que poseéis. Debéis hacer una obra cada vez mejor mientras ponéis en práctica lo que aprendéis.

Abril 5

1 Samuel 25 - 27

He recibido luz especial con respecto a la obra del colportaje, y la impresión y la preocupación que recibí no me abandonan. Esta obra es un medio de educación. Es una excelente escuela para aquellos que se están calificando para entrar en el ministerio. Los que emprenden esta obra como deben, se colocan en un lugar en el cual pueden aprender de Cristo y seguir su ejemplo. Se comisiona a los ángeles para acompañar a aquellos que emprenden esta labor con verdadera humildad.

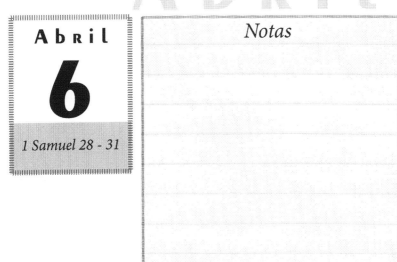

La mejor educación que los jóvenes pueden obtener la lograrán entrando en el campo del colportaje y trabajando de casa en casa. En esta labor hallarán la oportunidad de hablar las palabras de vida. Así sembrarán las simientes de la verdad. Muestren los jóvenes que descansa sobre ellos una carga que Dios les ha dado. La única forma que tienen de probar que pueden permanecer firmes en Dios, manteniendo ceñida toda la armadura, es haciendo fielmente la obra que Dios les ha dado para hacer.

Abril
7
2 Samuel 1 - 3

No debemos desalentar a nuestros hermanos ni debilitar sus manos de manera que la obra que el Señor desea realizar por su intermedio no se haga. No se dedique demasiado tiempo a preparar a los hombres para que hagan obra misionera. La instrucción es necesaria, pero recuerden todos que Cristo es el gran Maestro y la Fuente de toda verdadera sabiduría.

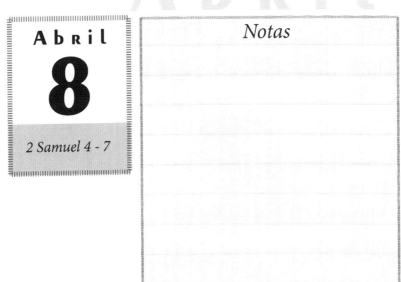

Abril 8

2 Samuel 4 - 7

Notas

Conságrense a Dios jóvenes y ancianos, emprendan la obra y, trabajando con humildad, avancen bajo el control del Espíritu Santo. Salgan al campo los que han estado en la escuela, y pongan en uso práctico el conocimiento que han adquirido. Si los colportores hacen esto, usan la capacidad que Dios les ha dado, buscan su consejo y combinan el trabajo de vender libros con la obra personal en favor de la gente, sus talentos aumentarán con el ejercicio y aprenderán muchas lecciones prácticas que no podrían aprender en la escuela. La educación obtenida de esta manera práctica puede llamarse apropiadamente educación superior.

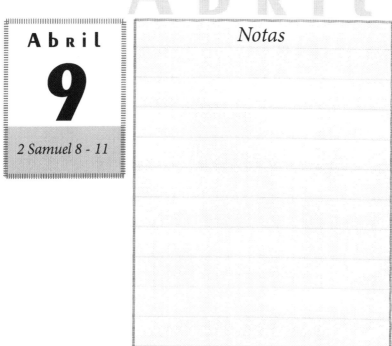

Abril 9

2 Samuel 8 - 11

Todos los que deseen tener una oportunidad de ejercer un verdadero ministerio, y que quieran entregarse sin reserva a Dios, hallarán en el colportaje oportunidades de hablar de las muchas cosas concernientes a la vida futura e inmortal. La experiencia así ganada será del mayor valor para los que se están preparando para el ministerio. Es el acompañamiento del Espíritu Santo de Dios lo que prepara a los obreros, sean hombres o mujeres, para apacentar la grey de Dios.

Mientras alberguen el pensamiento de que Cristo es su compañero, sentirán una reverencia santa, un gozo sagrado en medio de los incidentes penosos y de todas las pruebas. Aprenderán a orar mientras trabajen. Serán educados en la paciencia, la bondad, la afabilidad y el espíritu servicial. Practicarán la verdadera cortesía cristiana, recordando que Cristo, su Compañero, no puede aprobar las palabras duras ni los sentimientos adustos. Sus palabras serán purificadas.

Considerarán la facultad del habla como talento precioso, que les ha sido prestado para hacer una obra elevada y santa. El agente humano aprenderá a representar al Compañero divino con el cual está asociado. Manifestará respeto y reverencia hacia este Ser santo e invisible, porque lleva su yugo y aprende sus modales puros y santos. Los que tienen fe en este Acompañante divino se desarrollarán. Serán dotados de poder para revestir el mensaje de verdad con una belleza sagrada.

Abril 12

2 Samuel 18 - 19

Notas

Algunos hombres a quienes Dios llamó a la obra del ministerio entraron en el campo como colportores. Se me ha indicado que esta es una preparación excelente si su objeto es diseminar la luz y llevar las verdades de la Palabra de Dios directamente a los hogares. En la conversación se les presentará con frecuencia la oportunidad de hablar de la religión de la Biblia. Si realizan esta obra como deben hacerlo, visitarán las familias, manifestarán ternura cristiana y amor por las almas, y les proporcionarán mucho beneficio. Esta será una experiencia excelente para cualquiera que se proponga entrar en el ministerio.

Heme aquí - **115**

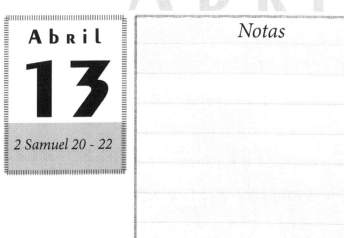

Los que se están preparando para el ministerio no pueden dedicarse a otra ocupación que les imparta una experiencia tan amplia como la del colportaje. A aquellos que están asistiendo a la escuela para aprender a hacer la obra de Dios más perfectamente, quiero decir: Recordad qué es únicamente por una consagración diaria a Dios como podéis llegar a ser ganadores de almas.

Ha habido quienes no podían ir a la escuela porque eran demasiado pobres para sufragar sus gastos, pero cuando llegaron a ser hijos e hijas de Dios, echaron mano del trabajo donde estaban y obraron en favor de quienes los rodeaban. Aunque privados del conocimiento que se obtiene en la escuela, se consagraron a Dios, y Dios obró por su medio.

Abril
15
1 Reyes 1 - 2

Como los discípulos cuando fueron llamados de sus redes a seguir a Cristo, aprendieron preciosas lecciones del Salvador. Se vincularon con el gran Maestro, y el conocimiento que adquirieron de las Escrituras los calificó para hablar a otros de Cristo. Así llegaron a ser verdaderamente sabios, porque no eran demasiado sabios en su propia estima para recibir instrucción de lo alto. El poder renovador del Espíritu Santo les dio energía práctica y salvadora.

Abril 16
1 Reyes 3 - 5

Notas

El conocimiento del hombre más sabio que no ha aprendido en la escuela de Cristo, es insensatez en lo que se refiere a conducir almas a Cristo. Dios puede obrar únicamente por aquellos que aceptan la invitación: "Venid a mí todos los que estáis trabajados y cargados, que yo os haré descansar. Llevad mi yugo sobre vosotros, y aprended de mí, que soy manso y humilde de corazón; y hallaréis descanso para vuestras almas. Porque mi yugo es fácil, ligera mi carga" (Mat. 11: 28-30).

Heme aquí -

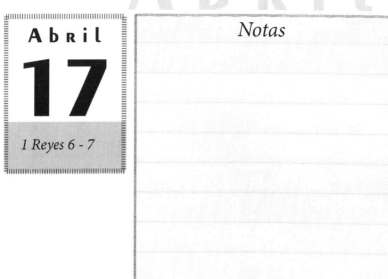

Necesitamos comprender la importancia del colportaje como gran medio de hallar a los que están en peligro, y de llevarlos a Cristo. Nunca debe prohibirse a los colportores que hablen del amor de Cristo, que relaten lo que han experimentado al servir a su Maestro. Deben quedar libres para hablar u orar por los que se han despertado. La sencilla historia del amor de Cristo hacia el hombre les abrirá las puertas, aun en las casas de los incrédulos.

Abril
18
1 Reyes 8 - 9

El que emprende el colportaje como debe hacerlo, ha de ser educador y estudiante. Mientras procura enseñar a otros, él mismo debe aprender a hacer la obra del evangelista.Cuando los colportores salgan con corazón humilde y llenos de fervorosa actividad, hallarán muchas oportunidades de dirigir una palabra en sazón a las almas a punto de perecer en el desaliento.

Abril 19

1 Reyes 10 - 11

Notas

Después de trabajar por estos menesterosos, podrán decir: "En otro tiempo erais tinieblas; mas ahora sois luz en el Señor" (Efe. 5: 8). Cuando ven la conducta pecaminosa de otros, pueden decir: "Y esto erais algunos: mas ya sois lavados, mas ya sois santificados, mas ya sois justificados en el nombre del Señor Jesús, y por el Espíritu de nuestro Dios" (1 Cor. 6: 11).

Abril 20

1 Reyes 12 - 14

Hermanos y hermanas, recordad que un día os presentaréis delante del Señor de toda la tierra, para dar cuenta de los hechos realizados en el cuerpo. Entonces vuestro trabajo aparecerá como es en realidad. La viña es grande, y el Señor está llamando a obreros. No permitáis que nada os distraiga de la obra de salvar almas. La obra del colportaje constituye una manera muy exitosa de salvar almas. ¿No la probaréis?

Abril
21
1 Reyes 15 - 17

Notas

Los intereses de Cristo son los primeros y más elevados. El tiene que obtener una propiedad en este mundo, salvada para su reino eterno. Sus mensajeros saldrán en su nombre; por la gloria de su Padre y por su propia gloria; porque ellos y él son uno. Han de revelarlo en el mundo. Los intereses de él son también los de ellos. Si trabajan como colaboradores con él, serán hechos herederos de Dios y coherederos con Cristo de una herencia inmortal.

Abril 22

1 Reyes 18 - 19

Notas

La obra del colportaje es una obra de gran responsabilidad, y significa mucho no solamente para los que se ocupan en ella, sino para la gente por quien se trabaja. Recuerde el colportor que su obra es de naturaleza evangélica, y que Dios quiere que aquellos a quienes él encuentre sean salvos. Mantenga su corazón bajo la influencia del Espíritu Santo. Conserve la Biblia a mano para referencia, y cuando se presenta una oportunidad de hablar palabra de verdad, ore por gracia para hablar sabiamente, a fin de que, a aquellos a quienes les habla, sus palabras resulten sabor de vida para vida.

Abril 23

1 Reyes 20 - 21

Notas

Se necesitan colportores evangélicos para cazar y pescar almas. La obra del colportaje debe ser emprendida ahora con fervor y decisión. El colportor cuyo corazón es manso y humilde puede realizar mucho bien. Saliendo de dos en dos, los colportores pueden alcanzar una clase que no podría ser alcanzada por nuestras reuniones generales. Llevan el mensaje de verdad de una casa a otra. Así llegan a relacionarse estrechamente con la gente, y hallan muchas oportunidades para hablar del Salvador.

Canten y oren con aquellos que se interesen en las verdades que tienen para impartir. Hablen a las familias las palabras de Cristo. Pueden esperar éxito; pues suya es la promesa: "Yo estoy con vosotros todos los días, hasta el fin del mundo". Los colportores que salgan con el espíritu del Maestro tienen la compañía de los seres celestiales.

Abril 25

2 Reyes 1 - 3

Ruego a los que tienen responsabilidades en la causa de Dios que ninguna empresa comercial se interponga entre ellos y la obra de salvar almas. No se permita que ningún negocio absorba el tiempo y los talentos de los obreros que deben estar en condición de preparar a un pueblo para la venida del Señor. La verdad ha de brillar como la lámpara que arde. El tiempo es corto; el enemigo hará todos los esfuerzos para magnificar en nuestra mente los asuntos de menor importancia, e inducirnos a considerar en forma liviana precisamente la obra que más necesita ser hecha.

Abril 26
2 Reyes 4 - 6

A fin de alcanzar a todas las clases, debemos tratarlas donde se encuentran. Rara vez nos buscarán por su propia iniciativa. No sólo desde el púlpito han de ser los corazones humanos conmovidos por la verdad divina. Hay otro campo de trabajo, más humilde tal vez, pero tan plenamente promisorio. Se halla en el hogar de los humildes y en la mansión de los encumbrados.

Abril 27

2 Reyes 7 - 9

Notas

Llevad los libros a los hombres de negocios, a los maestros del Evangelio, cuya atención no ha sido llamada a las verdades especiales para este tiempo. El mensaje ha de ser dado por los caminos, a hombres que están empeñados activamente en la labor del mundo, a los maestros y dirigentes del pueblo. Millares pueden ser alcanzados de la manera más sencilla y humilde. Los más intelectuales, aquellos a quienes se los considera los hombres y mujeres más dotados de todo el mundo, son a menudo refrigerados por las sencillas palabras de alguien que ame a Dios, y que pueda hablar de ese amor tan naturalmente como los mundanos hablan de las cosas que les interesan más profundamente.

Abril 28

2 Reyes 10 - 12

Notas

A menudo las palabras bien preparadas y estudiadas tienen sólo poca influencia. Pero la expresión veraz y honrada de un hijo o una hija de Dios, hablada con sencillez natural, tiene poder para abrir la puerta de los corazones que por mucho tiempo han estado cerrados para Cristo y su amor.

Abril

29

2 Reyes 13 - 15

Notas

Los libros alcanzarán a personas a quienes no se puede llegar de otra manera, personas que viven lejos de todo centro grande de población. Yo denomino a éstos los oyentes de los vallados. A los tales nuestros colportores han de llevarles estos libros que contienen el mensaje de salvación. Nuestros colportores han de ser evangelistas de Dios, que vayan de casa en casa por los lugares apartados, abriendo las Escrituras a las personas con quienes se encuentran.

Abril
30
2 Reyes 16 - 18

Notas

Hallarán gente dispuesta y ansiosa de aprender de las Escrituras. . . . Deseo grandemente hacer todo lo que está de mi parte para alcanzar a aquellos que están en los caminos y en los vallados. En los renombrados centros sanitarios y de turismo en el mundo, atestados de miles de personas que buscan salud y placer, debe haber ministros estacionados y colportores capaces de llamar la atención de las multitudes.

Vigilen estos obreros la oportunidad de presentar el mensaje para este tiempo, y realicen reuniones a medida que tengan ocasión. Sean rápidos para aprovechar las oportunidades para hablar al pueblo. Acompañados del poder del Espíritu Santo, presenten a la gente el mensaje de Juan el Bautista: "Arrepentíos: porque el reino de los cielos se ha acercado". La Palabra de Dios ha de ser presentada con claridad y poder, a fin de que los que tengan oídos para oír, puedan escuchar la verdad. Así el Evangelio de la verdad presente será colocado en el camino de los que no lo conocen, y será aceptado por no pocos, y llevado por ellos a sus propios hogares en todas partes de la tierra.

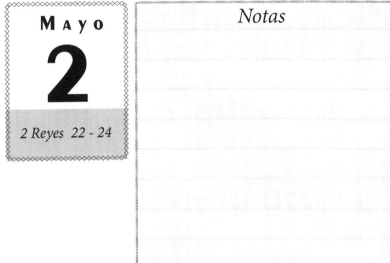

En vuestro trabajo os encontraréis con personas que están luchando contra el apetito. Hablad palabras que los fortalezcan y animen. No permitáis que Satanás apague la última chispa de esperanza en sus corazones. A los errantes que tiemblan y luchan con el mal, Cristo les dice: "Venid a mí"; y él coloca sus manos debajo de ellos, y los levanta.

Mayo 3

2 Reyes 25,
1 Crónicas 1

Notas

La obra que realizó Cristo debéis hacerla vosotros como sus evangelistas de lugar en lugar. Trabajad con fe, esperando que las almas sean ganadas para Aquel que dio su vida a fin de que los hombres y mujeres tomen posiciones al lado de Dios. Colaborad con Dios para ganar al adicto a la bebida y el tabaco, a fin de que venza los hábitos que lo rebajan hasta alcanzar un nivel inferior al de las bestias que perecen.

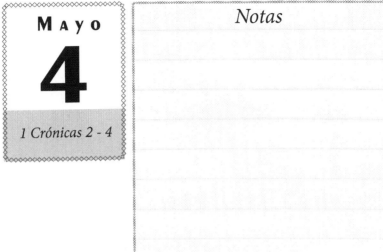

Cristo sembraba las semillas de verdad dondequiera que iba, y como seguidores suyos podéis testificar por el Maestro, realizando una obra preciosa en la labor que debe hacerse en los hogares. En ella, acercándolos a la gente, a menudo hallaréis personas enfermas y desanimadas. Si estáis colaborando estrechamente con Cristo, llevando su yugo, aprenderéis todos los días de él cómo llevar mensajes de paz y consuelo a los dolientes y chasqueados, a los entristecidos y desconsolados.

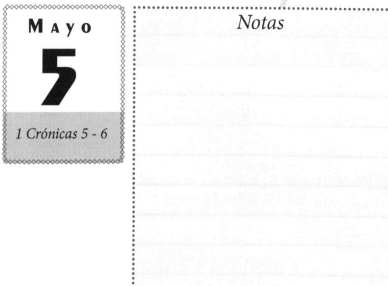

Mayo 5

1 Crónicas 5 - 6

Podéis señalar a los desanimados la Palabra de Dios y llevar a los enfermos al Señor en oración. Mientras oráis, hablad a Cristo como lo haríais con un amigo de confianza y muy amado. Mantened una dignidad dulce, libre y agradable, como hijos de Dios. Esto será reconocido. Dios quiere estar siempre delante de nosotros.

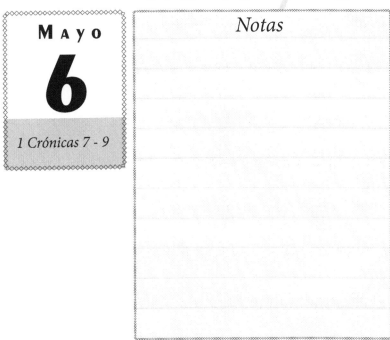

Mayo 6

1 Crónicas 7 - 9

Notas

Nunca debemos olvidar que hemos de dar cuenta de los hechos realizados en el cuerpo. Teniendo este pensamiento, los colportores vigilarán por las almas, y sus oraciones ascenderán de labios sinceros para pedir sabiduría a fin de hablar una palabra al corazón a los que necesitan ayuda. Tales obreros elevarán y purificarán continuamente el alma por la obediencia a la verdad.

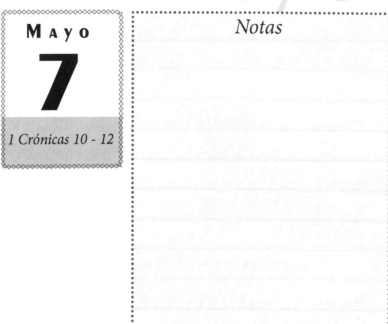

1 Crónicas 10 - 12

Tendrán el verdadero sentido del valor del alma, y aprovecharán hasta el máximo toda oportunidad para dar a conocer las riquezas de la gracia de Cristo. Salgan los colportores con la siguiente oración en los labios: "Señor, ¿qué quieres que haga?" Trabajen ellos como a la vista de Dios, y en la presencia de los ángeles celestiales; deseen en todas las cosas merecer la aprobación de Dios, y su obra no será sin fruto.

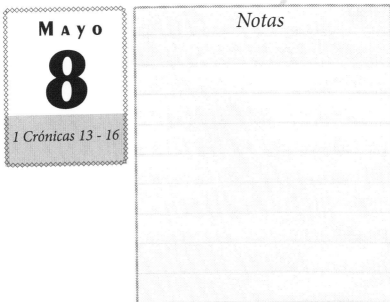

Necesitamos muchas menos discusiones, y mucha más presentación de Cristo. Nuestro Redentor es el centro de toda nuestra fe y esperanza. Los que pueden presentar su incomparable amor, e inspirar a los corazones a darle sus mejores y más santos afectos, están realizando una obra que es grande y santa. Por la diligencia en el trabajo, por la presentación fiel a la gente de la cruz del Calvario, el colportor duplica su utilidad. Pero aunque presentamos estos métodos de trabajo no podemos trazar una línea fija para la conducta que cada uno deba seguir. Las circunstancias pueden alterar los casos.

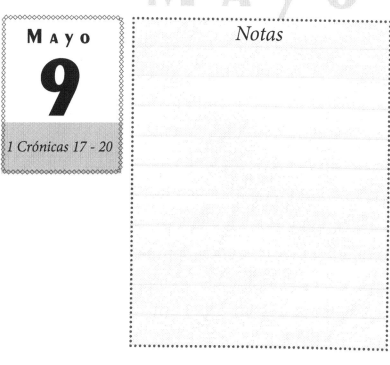

Mayo

9

1 Crónicas 17 - 20

Notas

A menudo se presentan temas doctrinales sin ningún efecto especial; pues los hombres esperan que otros traten de imponerles sus doctrinas; pero cuando uno se espacia en el incomparable amor de Cristo, su gracia impresiona el corazón. Hay muchos que buscan sinceramente la luz, que no saben qué deben hacer para ser salvos. ¡Oh, habladles del amor de Dios, del sacrificio hecho en la cruz del Calvario por salvar a los que perecen! Decidles que coloquen su voluntad al lado de la voluntad de Dios, y el que "quisiere hacer su voluntad, conocerá de la doctrina, si viene de Dios" (Juan 7: 17).

Mayo

10

1 Crónicas 21 - 23

Notas

Algunos de los que trabajan en el campo del colportaje tienen un celo que no es prudente. Debido a su falta de sabiduría, a causa de que han estado tan inclinados a desempeñar el papel del ministro y del teólogo, se ha visto casi la necesidad de imponerles restricciones a nuestros colportores. Cuando la voz del Señor llama: "¿A quién enviaré, y quién nos irá?" el Espíritu divino induce a los corazones a responder: "Heme aquí; envíame a mí" (Isa. 6: 8). Pero tened en cuenta que el carbón encendido del altar debe primeramente tocar vuestros labios. Entonces las palabras que habléis serán sabias y santas. Entonces tendréis sabiduría para saber qué decir y qué no decir.

Heme aquí - **145**

1 Crónicas 24 - 26

Notas

No trataréis de revelar vuestra propia agudeza como teólogos. Tendréis cuidado de no despertar un espíritu combativo o excitar el prejuicio introduciendo puntos discutidos de doctrina. Encontraréis suficientes asuntos que tratar que no excitarán la oposición, sino que dispondrán el corazón a tener un deseo del conocimiento más profundo de la Palabra de Dios.

M A Y O
12
1 Crónicas 27 - 29

Notas

El Señor desea que ganéis almas; por lo tanto, aunque no debéis imponer a la gente el estudio de las doctrinas, debéis estar "siempre aparejados para responder con mansedumbre y reverencia a cada uno que os demande razón de la esperanza que hay en vosotros" (1 Ped. 3: 15). ¿Qué habéis de temer? Temed que vuestras palabras tengan un sabor de importancia propia, no sea que habléis en forma imprudente, que vuestras palabras y maneras no concuerden con la semejanza de Cristo. Relacionaos firmemente con Cristo, y presentad la verdad tal cual es en él.

Notas

Trabajad como lo hizo Pablo. Dondequiera que iba, dondequiera que estuviera, ante el ceñudo fariseo o la autoridad romana, ante ricos o pobres, cultos o ignorantes, el lisiado de Listra o los pecadores convictos en la cárcel macedónica, ensalzaba a Cristo como Aquel que odia el pecado y que ama al pecador, como el que llevó nuestros pecados para poder impartirnos su justicia.

Mayo

14

2 Crónicas 5 - 7

Notas

El colportor inteligente, que teme a Dios y ama la verdad, debe ser respetado, porque ocupa una posición igual a la del ministro evangélico. Muchos de nuestros ministros jóvenes y los que se están preparando para el ministerio harían, si estuviesen verdaderamente convertidos, mucho bien trabajando en el colportaje. Al encontrarse con la gente y presentarle nuestras publicaciones, adquirirían una experiencia que no pueden obtener por la simple predicación.

MAYO 15

2 Crónicas 8 - 11

Notas

Mientras fueran de casa en casa, conversando con la gente, llevarían consigo la fragancia de Cristo. Al esforzarse por bendecir a otros, serían ellos mismos bendecidos; obtendrían experiencia en la fe; aumentarían grandemente su conocimiento de las Escrituras; y aprenderían constantemente a ganar almas para Cristo.

M A Y O
16
2 Crónicas 12 - 16

Notas

Todos nuestros ministros deben considerar conveniente llevar consigo libros y colocarlos dondequiera que vayan. A cualquier lugar que vaya un ministro, puede dejar un libro con la familia donde se hospeda, vendiéndolo o regalándolo. Esto se hacía mucho en los comienzos del mensaje. Los ministros actuaban como colportores y los recursos que obtenían en la venta de los libros se usaban para fomentar el progreso de la obra en lugares donde se necesitaba ayuda. Ellos pueden hablar con inteligencia de este método de trabajo, porque han tenido experiencia en él.

2 Crónicas 17 - 19

Notas

Nadie piense que empequeñece el Evangelio al dedicarse al colportaje como medio de comunicar la verdad a la gente. Al hacer esta obra trabaja como trabajó el apóstol Pablo, quien dice: "Vosotros sabéis cómo, desde el primer día que entré en Asia, he estado con vosotros por todo el tiempo, sirviendo al Señor con toda humildad, y con muchas lágrimas, y tentaciones que me han venido por las asechanzas de los judíos: cómo nada que fuese útil, he rehuido de anunciaros y enseñaros públicamente y por las casas, testificando a los judíos y a los gentiles arrepentimiento para con Dios, y la fe en nuestro Señor Jesucristo" (Hech. 20: 18-21).

Mayo

M A Y O
18
2 Crónicas 20 - 23

Notas

El elocuente Pablo, a quien Dios se manifestó de manera admirable, iba de casa en casa con toda humildad y con muchas lágrimas y tentaciones. El evangelista que se ocupa en la obra del colportaje está realizando un servicio tan importante como el de predicar el Evangelio ante una congregación sábado tras sábado. Dios considera al fiel colportor evangélico con tanta aprobación como a cualquier ministro fiel. Ambos obreros tienen luz, y ambos han de brillar en sus respectivas esferas de influencia.

Mayo

MAYO 19

2 Crónicas 24 - 27

Notas

Dios pide que todo hombre coopere con el gran Obrero misionero médico, y que salga por los caminos y los vallados. Todo hombre, en su ramo particular de servicio, tiene una obra que hacer para Dios. Tales obreros, si están convertidos, son verdaderos misioneros.

Mayo

20
Mayo
2 Crónicas 28 - 30

Notas

Hay quienes se prestan para la obra del colportaje, y pueden realizar más en este ramo que por la predicación. Si el Espíritu de Cristo mora en su corazón hallarán oportunidad de presentar su Palabra a otros, y de dirigir las mentes a las verdades especiales para este tiempo.

Mayo
21
2 Crónicas 31 - 33

Notas

Fue un gozo para Cristo ayudar a los que necesitaban ayuda, buscar a los perdidos, rescatar a los que perecían, levantar a los agobiados, sanar a los enfermos, hablar con simpatía y consuelo a los afligidos y desconsolados. Cuanto más plenamente estemos imbuidos de su espíritu, más fervorosamente trabajaremos por aquellos que nos rodean; cuanto más hagamos por los demás, mayor será nuestro amor por el trabajo, y mayor nuestra delicia en seguir al Maestro. Nuestros corazones estarán llenos del amor de Dios; y con fervor y poder convincente hablaremos del Salvador crucificado.

Mayo

22

2 Crónicas 34 - 36

Notas

Pregunto a los que han recibido la luz de la verdad: ¿Qué vais a hacer durante el año que comienza? ¿Os detendréis a reñir el uno con el otro, a debilitar y destruir la fe de la humanidad en la humanidad? ¿O dedicaréis vuestro tiempo a fortalecer las cosas que todavía quedan, y que están por perecer? Al empeñarse nuestro pueblo en una obra fervorosa por el Maestro, cesarán las quejas. Muchos serán despertados del desaliento que está minando el cuerpo y el alma.

Mayo 23
Esdras 1 - 2

A medida que trabajen por otros tendrán interesantes experiencias, las que podrán compartir cuando se reúnan para adorar a Dios. Los testimonios que den no serán oscuros ni sombríos, sino llenos de gozo y ánimo. En vez de pensar y hablar acerca de las faltas de sus hermanos y, hermanas, y de sus propias pruebas, pensarán y hablarán del amor de Cristo, y lucharán fervorosamente para llegar a ser obreros más eficientes para el Señor.

Mayo 24
Esdras 3 - 6

Notas

Los que se ocupan en la obra del colportaje deben ante todo consagrarse en forma completa y sin reservas a Dios. Cristo nos ha invitado: "Venid a mí todos los que estáis trabajados y cargados, que yo os haré descansar. Llevad mi yugo sobre vosotros, y aprended de mí, que soy manso y humilde de corazón; y hallaréis descanso para vuestras almas. Porque mi yugo es fácil y ligera mi carga"

M A Y O
25
Esdras 7 - 9

Notas

Si habéis descuidado el tiempo de la siembra, si habéis permitido que pasaran sin ser aprovechadas las oportunidades que Dios os ha concedido, si os habéis dedicado a agradaros a vosotros mismos, ¿no os arrepentiréis ahora, antes que sea para siempre demasiado tarde, y trataréis de redimir el tiempo? La obligación de usar vuestros talentos en el servicio del Maestro descansa pesadamente sobre vosotros.

Mayo

MAYO
26
Esdras 10,
Nehemías 1 - 2

Notas

Id al Señor y hacedle una entrega completa de todo lo que tenéis. No podéis permitiros perder un día. Proseguid la obra que habéis descuidado. Abandonad vuestra quejosa incredulidad, vuestra envidia y malos pensamientos, e id a trabajar con fe humilde, y con la ferviente oración de que el Señor os perdone los años en que os faltó consagración. Pedid a Dios ayuda. Si lo buscáis con fervor, con todo el corazón, lo encontraréis, y él os fortalecerá y bendecirá.

Mayo 27
Nehemías 3 - 5

Notas

Al elegir a hombres y mujeres para su servicio, Dios no pregunta si son instruidos, elocuentes, o ricos en bienes de este mundo. Pregunta: "¿Anda con tal humildad que yo pueda enseñarles mis caminos? ¿Puedo poner mis palabras en sus labios? ¿Serán representantes míos?"

Mayo

Mayo 28

Nehemías 7 - 9

Notas

◇◇◇◇◇◇◇◇◇◇◇◇◇

Dios puede emplear a cada uno en la medida en que le es posible derramar su Espíritu en el templo de su alma. El trabajo que él acepta es el que refleja su imagen. Sus discípulos deben llevar, como credenciales para el mundo, las características indelebles de sus principios inmortales.

Mayo 29
Nehemías 8 - 10

Notas

Los colportores necesitan estar diariamente convertidos a Dios, a fin de que sus obras y hechos sería sabor de vida para vida, y que puedan ejercer una influencia salvadora. La razón por la cual muchos han fracasado en la obra del colportaje es porque no eran verdaderos cristalinos; no conocían el espíritu de conversión: Tenían una teoría en cuanto a cómo debía ser hecha la obra, pero no sentían que dependían de Dios.

Nehemías 11 - 12

Notas

Colportores, recordad que en los libros que vendéis no estáis presentando la copa que contiene el vino de Babilonia, las doctrinas erróneas ofrecidas a los reyes de la tierra, sino la copa llenó de las preciosas verdades de la redención. ¿Beberéis vosotros mismos de ella? Vuestra mente puede estar sujeta en cautiverio a la voluntad de Cristo, y él puede poner sobre vosotros, su propia inscripción. Contemplándolo, podéis ser transformados de gloria en gloria, de carácter en carácter.

Mayo 31

Nehemías 13, Esther 1 - 2

Notas

Dios quiere que vayáis al frente, hablando las palabras que os dé. El quiere que demostréis que estimáis mucho a la humanidad, que ha sido comprada por la preciosa sangre del Salvador. Cuando caigáis sobre la roca y seáis quebrantados, experimentaréis el poder de Cristo, y otros reconocerán el poder de la verdad en vuestro corazón.

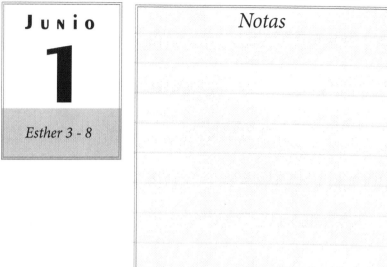

Nadie puede ser un ganador de almas de éxito hasta que él mismo no haya resuelto el problema de su entrega a Dios. Hemos de revestirnos individualmente del Señor Jesucristo. Para cada uno de nosotros él debe llegar a ser sabiduría, justificación, santificación y redención. Cuando nuestra fe se aferre de Cristo como nuestro Salvador personal, lo presentaremos [a Cristo] delante de otros en una nueva luz. Y cuando las personas contemplen a Cristo como él es, no disputarán acerca de teorías; correrán a él para lograr perdón, pureza y vida eterna.

Junio 2

Esther 9,
Job 1 - 3

Notas

La dificultad que resulta más temible es que el colportor que encuentre a estas almas anhelosas no haya sido convertido él mismo; que él mismo no conozca por experiencia el amor de Cristo que sobrepuja todo entendimiento. Si él mismo no tiene este conocimiento, ¿cómo puede hablar a los demás de la preciosa y antiquísima historia? Ha de enseñarse a la gente la misma esencia de la verdadera fe, la forma de aceptar a Cristo y confiar en él como el Salvador personal. Necesitan saber cómo pueden seguir sus pasos dondequiera que él vaya. Que los pies del obrero sigan las pisadas de Jesús paso a paso, y no señalen otro camino por el cual marchar hacia el cielo.

Job 4 - 6

Muchos cristianos profesos se han separado de Cristo, el gran centro, y se convierten a sí mismos en el centro; pero si quieren tener éxito en atraer a otros al Salvador, deben ir ellos mismos a él, y darse cuenta de su total dependencia de su gracia. Satanás ha tratado hasta el máximo de estirar la cadena que une a los hombres con Dios; él desea atar a las almas a su propio carro, convertirlas en esclavos a su servicio: pero hemos de trabajar en contra de él, y llevar las almas al Redentor.

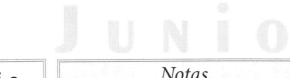

Junio 4

Job 7 - 9

Notas

Cuando un alma ha sido llevada a Cristo por medio de este trabajo personal, permitid que Dios obre en el corazón que se ha rendido y humillado; permitid que Dios lo inste a prestar el servicio que él considere adecuado. Dios ha prometido que su gracia será suficiente para cada uno de los que vengan a él. Los que se entregan a Jesús, los que abren la puerta del corazón y lo invitan a entrar, estarán seguros. El dice: "Yo soy el camino, y la verdad, y la vida" (Juan 14: 6). Al poseer a Cristo, poseen la verdad. Estarán completos en él.

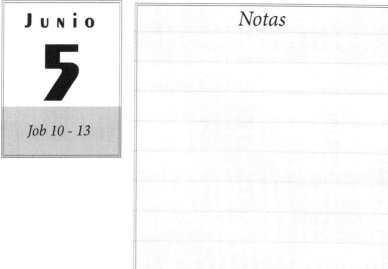

Junio 5

Job 10 - 13

Si el colportor sigue una conducta equivocada, si dice falsedades o practica el engaño, pierde el respeto propio. Puede no ser consciente de que Dios lo ve y conoce toda transacción comercial, de que los santo ángeles están pesando esos motivos y oyendo sus palabras, y de que su recompensa será de acuerdo con sus obras; pero si le fuera posible esconder su mala conducta tanto de la vista del hombre como de Dios, el mismo hecho de que él lo sabe, está degradando su mente y su carácter. Un acto no determina el carácter, pero derriba la barrera, y la próxima tentación será acariciada con mayor rapidez, hasta que finalmente se forme el hábito de la prevaricación y la deshonestidad en los negocios, y el hombre deja de ser digno de confianza.

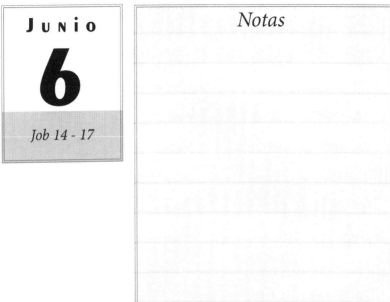

Hay muchas personas, en las familias y en la iglesia, que darán poca importancia a flagrantes inconsecuencias. Hay jóvenes que aparentan lo que no son. Parecen honrados y veraces; pero son como sepulcros blanqueados, hermosos por fuera, pero corrompidos hasta el corazón. El corazón está manchado, mancillado por el pecado; y, éste es el registro que se presenta en las cortes celestiales. Se estaba produciendo en la mente un proceso que los ha encallecido e insensibilizado. Pero si su carácter, pesado en la balanza del santuario, es declarado falto en el gran día de Dios, será una calamidad que ahora no comprenden. La verdad, preciosa y sin mancha, ha de ser parte del carácter.

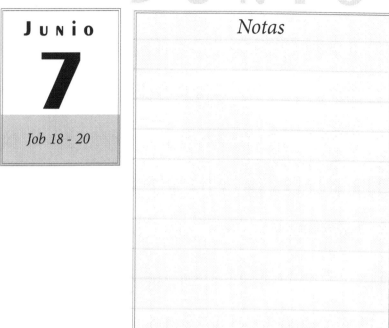

Junio

7

Job 18 - 20

Cualquiera sea el camino que se elija, la senda de la vida está acosada de peligros. Si los obreros en cualquier ramo de la causa se vuelven descuidados con respecto a sus intereses eternos, corren el riesgo de una gran pérdida. El tentador encontrará acceso a ellos. Tenderá redes para sus pies y los inducirá por caminos inciertos. Están seguros solamente aquellos cuyos corazones se hallan guarnecidos con los principios puros. Como David orarán: "Sustenta mis pasos en tus caminos, porque mis pies no resbalen". Debe mantenerse una constante batalla contra el egoísmo y la corrupción del corazón humano.

Junio
8

Job 21 - 23

Notas

A menudo los malos parecen prosperar en su camino: pero los que olvidan a Dios, aun por una hora o un momento, están en una senda peligrosa. Pueden no darse cuenta de sus peligros; pero antes de que se den cuenta, el hábito, como una cadena de hierro, los mantiene sometidos al mal con el cual han jugado. Dios desprecia su conducta, y sus bendiciones no los acompañarán.

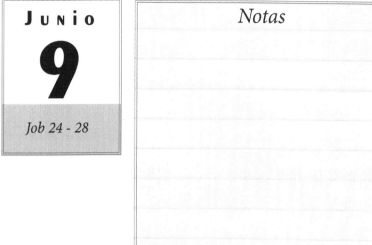

He visto que los jóvenes emprenden esta obra sin relacionarse con el Cielo. Se colocan en el camino de la tentación para mostrar su valor. Se ríen de la insensatez de los demás. Conocen el camino recto; saben cómo comportarse. ¡Cuán fácilmente pueden resistir la tentación! ¡Cuán vano es pensar en su caída! Pero no hacen de Dios su defensa. Satanás tiene una trampa insidiosa preparada para ellos, y llegan a ser el motivo de burla de los insensatos.

Nuestro gran adversario tiene agentes que están constantemente acechando una oportunidad para destruir las almas, como un león acecha a su presa. Evítalos, joven; aunque aparenten ser tus amigos, introducirán taimadamente malas costumbres y prácticas perversas. Te adulan con sus labios, y ofrecen ayudarte y guiarte, pero sus pasos conducen al infierno. Si escuchas su consejo, éste puede ser el punto decisivo de tu vida.

Una salvaguardia quitada de la conciencia, la complacencia de un mal hábito, un solo descuido de las elevadas exigencias del deber, puede ser el comienzo de un rumbo engañoso que te llevará a las filas de aquellos que siguen a Satanás, mientras al mismo tiempo profesas amar a Dios y a su causa. Un momento de descuido, un solo mal paso, puede encauzar toda la corriente de tu vida en la mala dirección. Y puede ocurrir que nunca sepas qué cosa ha causado tu ruina, hasta que se pronuncie la sentencia: "Apartaos de mí, obradores de maldad".

Junio

12

Job 35 - 37

Notas

Algunos jóvenes saben que lo que he dicho describe perfectamente su conducta. Sus caminos no son ocultos al Señor, aunque pueden estar ocultos a sus mejores amigos, aun a sus padres y madres. Tengo poca esperanza de que algunos de éstos cambien alguna vez su conducta de hipocresía y de engaño. Otros que han errado están tratando de redimirse.

Quiera el amado Jesús ayudarlos a poner su rostro como pedernal contra toda falsedad y contra las adulaciones de los que debilitarían su propósito de andar rectamente o que insinuarían dudas o sentimientos de incredulidad para conmover su fe en la verdad. Jóvenes amigos, no gastéis una hora en la compañía de los que os inhabilitarían para la obra de Dios pura y sagrada. No hagáis nada, ante los extraños, que no haríais ante vuestro padre o vuestra madre, nada de lo cual os avergonzaríais ante Cristo y los santos ángeles.

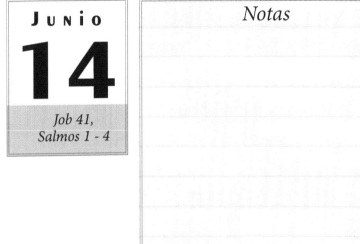

Algunos pueden pensar que estas palabras de cautela no las necesitan los observadores del sábado, pero aquellos a quienes se aplican saben a lo que me refiero. Os digo, jóvenes, que os cuidéis; pues no podéis hacer nada que no esté abierto a los ojos de los ángeles y de Dios. No podéis hacer una obra mala, sin que otros resulten afectados por ella. Mientras vuestra conducta revela qué clase de materiales empleáis en el edificio de vuestro carácter, constituye a la vez una influencia poderosa sobre los demás.

J u n i o
15
Salmos 5 - 10

Nunca perdáis de vista el hecho de que pertenecéis a Dios, de que él os ha comprado por precio, y que debéis rendirle cuenta de todos los talentos que os ha confiado. No debe tener parte en la obra del colportaje ninguna persona cuyas manos estén manchadas por el pecado, o cuyo corazón no esté en armonía con Dios, pues tales personas seguramente deshonrarán la causa de la verdad. Los que son obreros en el campo misionero necesitan que Dios los guíe.

Junio
16
Salmos 11 - 18

Notas

Deben cuidar de comenzar bien y luego mantenerse silenciosa y firmemente en la senda de la rectitud. Deben ser decididos, pues Satanás está determinado a derribarlos y es perseverante en sus esfuerzos para lograrlo. El que en su obra arrastra pruebas y tentaciones debe sacar provecho de estas cosas y aprender a confiar más decididamente en Dios. Debe sentir que depende de él en todo momento.

No debe albergar que en su corazón ni expresarlas con sus labios. Cuando tiene éxito, no debe atribuirse la gloria a sí mismo, porque su éxito se debe a que los ángeles de Dios obran en los corazones. Recuerde que tanto durante los momentos alentadores como durante los desalentadores, los mensajeros celestiales están siempre a su lado. Debe reconocer la bondad de Dios, y alabarle con alegría.

Junio

18
Salmos 25 - 30

Notas

Cristo hizo a un lado su gloria, y vino a esta tierra a sufrir por los pecadores. Si encontramos penurias en nuestro trabajo, miremos a Aquel que es el autor y consumador de nuestra fe. Entonces no fracasaremos ni nos desalentaremos. Soportaremos las penurias como buenos soldados de Jesucristo. Recordemos lo que él dice acerca de todos los verdaderos creyentes: "Nosotros, coadjutores somos de Dios; y vosotros labranza de Dios sois, edificio de Dios sois" (1 Cor. 3: 9).

Junio
19
Salmos 31 - 34

Notas

La mayor necesidad del mundo es la de hombres que no se vendan ni se compren; hombres que sean sinceros y honrados en lo más íntimo de sus almas; hombres que no teman dar al pecado el nombre que le corresponde; hombres cuya conciencia sea tan leal al deber como la brújula al polo; hombres que se mantengan de parte de la justicia aunque se desplomen los cielos.

Junio
20
Salmos 35 - 37

Notas

Puede hacerse una obra mucho más eficiente en el campo del colportaje que la que se ha hecho hasta ahora. El colportor no debe estar satisfecho a menos que esté progresando constantemente. Debe hacer una preparación completa, pero no debería conformarse con un conjunto de palabras que nunca cambian; debe dar al Señor la oportunidad de colaborar con sus esfuerzos e impresionar su mente. El amor de Jesús, obrando en su corazón, lo capacitará para idear medios a fin de tener acceso a las personas y las familias.

Junio 21

Salmos 38 - 43

Debe prepararse un equipo de colportores dándoles instrucción completa y práctica, para manejar las publicaciones que salgan de la prensa.

Las mentes de todos debieran atesorar un conocimiento de las verdades de la Palabra de Dios, para que puedan estar preparados para presentar, en cualquier momento en que se requiera, cosas nuevas y viejas provenientes de ese tesoro.

Junio

22

Salmos 44 - 49

Notas

Los colportores deben familiarizarse esmeradamente con el libro que están vendiendo y deben poder llamar la atención a sus capítulos importantes. Se necesitan jóvenes que sean hombres de comprensión, que aprecien las facultades intelectuales que Dios les ha dado, y que las cultiven con el máximo cuidado. El ejercicio amplía, estas facultades, y si el corazón no se descuida, el carácter estará bien equilibrado. Los medios de progreso están al alcance de todos. Nadie chasquee, pues, al Maestro cuando venga a buscar frutos, presentándole solamente hojas. Un propósito resuelto, santificado por la gracia de Cristo, obrará maravillas.

Junio 23

Salmos 50 - 55

Notas

Sean los colportores estudiantes fieles, que aprendan a dar éxito a su trabajo. Mientras están así empleados, mantengan sus ojos, oídos y entendimiento abiertos para recibir sabiduría de Dios, a fin de saber ayudar a los que perecen por falta del conocimiento de Cristo. Concentre cada obrero sus energías, y use sus facultades para el servicio más elevado, que consiste en rescatar a los hombres de las trampas de Satanás y vincularlos con Dios, asegurando la cadena de su dependencia por Jesucristo al trono circuido por el arco iris de la promesa.

Junio

24

Salmos 56 - 62

Notas

Los maestros en la obra del colportaje tienen grandes responsabilidades. Los que comprendan correctamente su posición, dirigirán e instruirán a los que están bajo su cuidado con un sentido de su responsabilidad personal e inspirarán a otros a la fidelidad en la causa. Oraran mucho, comprenderán que sus palabras y acciones están haciendo impresiones que no se borrarán con facilidad, sino que serán tan perdurables como la eternidad. Se darán cuenta de que ningún otro podrá seguir después de ellos para corregir sus errores, o suplir sus deficiencias. Cuán importante es, pues, que el tema, la manera y el espíritu del maestro estén de acuerdo con las instrucciones divinas.

Los presidentes de nuestras asociaciones y otras personas que ocupan posiciones de responsabilidad, tienen un deber que cumplir en este asunto, para que los diferentes ramos de nuestra obra reciban igual atención. Se han de educar y adiestrar colportores para hacer la obra indispensable de vender los libros sobre la verdad presente que la gente necesita. Es necesario que se dediquen a esta obra hombres de profunda experiencia cristiana, hombres de mente bien equilibrada fuertes y bien educados. El Señor desea que emprendan el colportaje quienes sean capaces de educar a otros, que puedan despertar en jóvenes promisorios de uno y de otro sexo un interés en este ramo de la obra e inducirlos a iniciar el colportaje con éxito.

J U N I O
26
Salmos 69 - 72

Notas

Algunos, tienen el talento, la educación y la experiencia que los habilitarían para educar a los jóvenes para el colportaje de tal manera que se lograse mucho más de lo que se logra ahora. Los que han adquirido experiencia en este trabajo tienen un deber especial que cumplir en lo que se refiere a enseñar a los otros. Educad, educad, educad a jóvenes de uno y otro sexo para que vendan los libros que los siervos del Señor escribieron, inducidos por su Espíritu Santo.

Junio 27
Salmos 73 - 77

Notas

El Señor desea que seamos fieles en educar a aquellos que aceptan la verdad, para que puedan creer con un propósito y trabajar inteligentemente según el método del Señor. Relaciónense las personas inexpertas con obreros 86 de experiencia para que puedan aprender a trabajar. Busquen muy fervorosamente al Señor. Pueden hacer una buena obra en el colportaje si obedecen las palabras: "Ten cuidado de ti mismo y de la doctrina" (1 Tim. 4: 16). Los que den evidencia de ser verdaderamente convertidos y que emprendan el colportaje verán que es la mejor preparación para otros ramos de labor misionera.

Junio
28
Salmos 78 - 79

Si los que conocen la verdad la quieren practicar idearán métodos para encontrar a la gente donde está. Fue la providencia de Dios la que en los comienzos de la iglesia cristiana dispersó a los santos y los hizo salir de Jerusalén a muchas partes del mundo. Los discípulos de Cristo no permanecieron en Jerusalén ni en las ciudades cercanas, sino que traspusieron los límites de su propio país y siguieron las grandes vías de comunicación, buscando a los perdidos para llevarlos a Dios. Hoy el Señor desea ver su obra realizada en muchos lugares. No debemos limitar nuestras labores a unas pocas localidades.

Los colportores deben ser enviados de dos en dos. Los obreros sin experiencia deben enviarse con los que tengan más experiencia, y que puedan darles ayuda. Pueden conversar juntos y estudiar la Palabra de vida juntos, orando el uno por el otro. De esta manera, ambos, el cristiano más joven y el de más años, recibirán la bendición de Dios.

Junio 30

Salmos 86 - 89

Notas

Los colportores deben ser impresionados por el hecho de que la obra del colportaje es la misma obra que el Señor desea que hagan. Deben recordar que están en el servicio de Dios. Se requiere un esfuerzo esmerado; debe darse instrucción; debe mantenerse delante de los obreros un sentido de la importancia de la obra. Todos deben ejercer el espíritu de abnegación y sacrificio propio que fue ejemplificado en la vida de nuestro Redentor.

Lean los colportores el capítulo sexto de Isaías, y aprovechen sus enseñanzas: "Entonces dije: ¡Ay de mí! que soy muerto; que siendo hombre inmundo de labios, y habitando en medio de pueblo que tiene labios inmundos, han visto mis ojos al Rey, Jehová de los ejércitos. Y voló hacia mí uno de los serafines, teniendo en su mano un carbón encendido, tomado del altar con unas tenazas: y tocando con él sobre mi boca dijo: He aquí que esto tocó tus labios, y es quitada tu culpa, y limpio tu pecado. Después oí la voz del Señor, que decía: ¿A quién enviaré, y quién nos irá? Entonces respondí yo: Heme aquí, envíame a mí" (Isa. 6: 5-8). Esta presentación se repetirá una y otra vez. El Señor desea que tomen parte en esta grandiosa obra muchas personas que sean consagradas, cuyos corazones sean humildes, que estén dispuestas a ocuparse en cualquier ramo de trabajo que demande sus servicios.

Julio 2

Salmos 96 - 102

El seguidor de Jesús mejorará constantemente sus modales, hábitos, espíritu y trabajo. Esto lo logra fijando los ojos, no en los meros progresos externos y superficiales, sino en Jesús. Se verifica una transformación en la mente, en el espíritu, en el carácter. El cristiano es educado en la escuela de Cristo para anhelar las gracias de su Espíritu con toda mansedumbre y humildad. Se está preparando para asociarse con los ángeles celestiales.

Julio 3

Salmos 103 - 105

Notas

Dios desea que aprovechemos toda oportunidad de prepararnos para su obra. Espera que dediquemos todas nuestras energías a realizar dicha obra, y que mantengamos nuestros corazones susceptibles a su carácter tan sagrado y a sus temibles responsabilidades. La obra del colportaje es el medio señalado por Dios para alcanzar a muchos a quienes de otra manera la verdad no impresionaría. La obra es buena, y su objetivo noble y elevador; por lo tanto debe haber una correspondiente dignidad de comportamiento.

Julio 4
Salmos 106 - 107

El colportor se encontrará con hombres de mentes diversas. Encontrará personas ignorantes y envilecidas, que no pueden apreciar nada que no les produzca dinero. Estos serán ofensivos, pero él no debe presidirles atención. Nunca debe perder la calma; encarará toda dificultad con alegría y esperanza. Se encontrará con los que están afligidos y desanimados, con el corazón triste y herido. Tendrá muchas oportunidades para animar a estas personas con palabras bondadosas que infundan esperanza y fe. Puede ser, si quiere, una fuente que refresque a otros; pero para poder hacerlo, él mismo debe recibir el aporte de la Fuente de la verdad viva.

Julio 5

Salmos 108 - 114

Notas

Bien puede cada uno sentir una responsabilidad individual en esta obra. Bien puede considerar cuál es la mejor manera de captar la atención, pues su forma de presentar la verdad puede decidir el destino de un alma. Si hace una impresión favorable su influencia puede ser para esa alma sabor de vida para vida; y esa persona, iluminada con respecto a la verdad, puede iluminar a muchos otros. Por lo tanto, es peligroso hacer una obra descuidada al tratar con las mentes.

Julio 6

Salmos 115 - 118

Notas

Entre las personas que profesan la verdad presente no hay un espíritu misionero que corresponda con nuestra fe. Falta el temple del oro puro en el carácter. La vida cristiana es más de lo que ellos piensan. No consiste meramente en bondad, paciencia, mansedumbre y cortesía. Estas gracias son esenciales; pero se necesitan también valor, determinación, energía y perseverancia.

Julio

7

Salmos 119: 1 - 88

Notas

Muchos de los que se ocupan en la obra del colportaje son débiles, pusilánimes, sin espíritu, fáciles de desalentar. Les falta empuje. No tienen los rasgos positivos de carácter que dan a los hombres la capacidad de hacer algo: el espíritu y la energía que avivan el entusiasmo. El colportor se halla ocupado en una labor honorable, y no debe actuar como si se avergonzara de ella. Si quiere que el éxito corone sus esfuerzos, debe tener valor y esperanza.

Julio 8
Salmos 119:89-176

Las virtudes activas deben ser cultivadas tanto como las pasivas. El cristiano, aunque está siempre listo a dar la respuesta blanda que quita la ira, debe poseer el valor de un héroe para resistir al mal. Con la caridad que todo lo soporta, debe tener la fuerza de carácter que hará que su influencia sea un poder positivo para el bien. La fe debe obrar en su carácter. Sus principios deben ser firmes; debe tener un espíritu noble, que esté por encima de toda sospecha de bajeza.

El colportor no debe ser engreído. Al asociarse con los hombres no debe llamar la atención sobre sí mismo jactanciosamente; pues por su conducta puede disgustar a las personas inteligentes y sensibles. No debe tener hábitos egoístas ni modales opresivos y dominantes. Muchas personas han decidido en su mente que no tienen tiempo para leer uno solo de cada diez mil libros que se publican.

En muchos casos, cuando el colportor da a conocer su misión, la puerta del corazón se cierra firmemente; de allí la gran necesidad de realizar su obra con tacto, con humildad y con espíritu de oración. Debe estar familiarizado con la Palabra de Dios y tener a su disposición palabras para presentar la preciosa verdad y mostrar el gran valor y la pureza del material de lectura que lleva.

Julio
11
Salmos 140 - 146

Notas

El obrero que tiene la causa de Dios en corazón no insistirá en recibir los sueldos más elevados. No alegará, como algunos de nuestros jóvenes lo han hecho, que a menos que puedan presentarse en forma elegante y a la moda y parar en los mejores hoteles, la gente no les prestará consideración. Lo que el colportor necesita no es una indumentaria impecable, ni el ademán del petimetre o, del ridículo, sino la honradez e integridad de carácter que se reflejan en el semblante. La amabilidad y la cortesía dejan su impresión en el rostro, y el ojo experimentado no verá en él engaño ni vanagloria.

Julio
12
Salmos 147, Proverbios 1 - 2

Notas

Muchos han emprendido la obra del colportaje confiando en los premios como el único medio para lograr buen éxito. Estos no tienen mérito verdadero como obreros. No han experimentado la religión práctica; tienen las mismas faltas, los mismos gustos y debilidades que los caracterizaron antes que pretendieran ser cristianos. Puede decirse de ellos que Dios no entra en sus pensamientos, que él no mora en sus corazones.

Julio
13
Proverbios 3 - 5

Notas

Hay una mezquindad, una mundanalidad, una bajeza en su carácter y conducta que testifican en contra de ellos, siendo que andan en el camino de sus propios corazones y conforme a la vista de sus mismos ojos. No quieren practicar la abnegación, sino que están decididos a gozar de la vida. El tesoro celestial no tiene atracciones para ellos; todas sus aficiones son terrenales, no celestiales. Ni amigos ni parientes pueden ayudar a tales personas, no se proponen despreciar lo malo y escoger lo bueno.

Julio
14
Proverbios 6 - 8

Notas

Los colportores necesitan adquirir cultura y tener modales pulidos; no los modales afectados y artificiales del mundo, sino las maneras agradables que son el resultado natural de la bondad del corazón y de un deseo de imitar el ejemplo de Cristo. Deben cultivar hábitos cuidadosos, de trabajo y discreción, y tratar de honrar a Dios logrando el máximo progreso posible. Jesús hizo un sacrificio infinito para colocarnos en la debida relación con Dios y con nuestros semejantes, y la ayuda divina, combinada con el esfuerzo humano, los capacitará para alcanzar una alta norma de excelencia. El colportor debe ser puro como José, manso como Moisés, y temperante como Daniel; entonces tendrá un poder que lo acompañará dondequiera que vaya.

Julio 15

Proverbios 9 - 12

Tenemos ahora grandes facilidades para esparcir la verdad; pero nuestros hermanos no están, aprovechando los privilegios que les fueron dados. No ven ni sienten en todas las iglesias la necesidad de usar sus capacidades para salvar almas. No comprenden que es su deber buscar suscriptores para nuestros periódicos, incluyendo nuestras revistas de salud, introduciendo también los libros y folletos. Debe darse trabajo a los hombres que están dispuestos a ser enseñados en cuanto a la manera mejor de presentarse ante las personas y las familias. Su vestido debe ser pulcro pero no vanidoso, y los modales tales que no disgusten a la gente. Entre nosotros como pueblo, existe una gran carencia de cortesía verdadera. Deben cultivarla todos los que emprenden la obra misionera.

Julio
16
Proverbios 13 - 15

Notas

El desaseo en el vestido trae oprobio sobre la verdad que profesamos creer. Ud. debe considerar que es representante del Señor Jesucristo. Que toda su vida esté en armonía con la verdad bíblica. . . . Este no es un asunto de poca importancia, pues afecta su influencia sobre los demás ahora y para la eternidad. No puede Ud. esperar que el Señor le dé el éxito más completo para ganar almas para él a menos que todos su modales y su presentación sean de una naturaleza tal que conquisten el respeto. La verdad es magnificada aun por la impresión causada por la prolijidad en el vestido.

Julio
17
Proverbios 16 - 18

Notas

Las personas de rudos modales no están capacitadas para esta obra. Los que tendrán éxito serán hombres y mujeres que posean tacto, un buen trato, aguda perspicacia y una mente capaz de discernir, y que comprende el valor de las almas. El colportor debe hacer todo esfuerzo que esté de su parte para permitir que la luz de la verdad brille mediante las buenas obras.

Julio
18
Proverbios 19 - 21

En la realización de sus deberes debe esparcir en torno de él la fragancia de la cortesía cristiana, aprovechando toda oportunidad para realizar actos de servicio y de ayuda. Debe acostumbrarse a hablar en forma distinta y que haga impresión. Debe aprender diariamente en la escuela del gran Maestro. Cristo ayudará seguramente a los que se escondan en él y dependan de él para obtener fortaleza.

Julio 19

Proverbios 22 - 24

Nuestros ministros y todos los que profesan creer la verdad, deben asumir una actitud decidida para elevar el bajo nivel que algunos parecen inclinados a adoptar en lo que toca a sus palabras y comportamiento. En muchos casos éste no corresponde de ninguna manera con las verdades santas que profesamos. Muchas personas que no son convertidas se sienten capacitadas para ser colportores. Nunca han sentido la gracia transformadora de Cristo. No son puros. Están viviendo una vida cotidiana descuidada y pecaminosa. Sus prácticas son tales que harían que los santos ángeles escondieran sus rostros. Debemos, alcanzar una norma más elevada, o seremos un reproche para la causa de Dios y un tropezadero para los pecadores.

Julio 20
Proverbios 25 - 27

En nuestro trato con los incrédulos, no permitamos que nos desvíen de los principios correctos. Al sentarnos a sus mesas, comamos con templanza, y únicamente alimentos que no confundan nuestra mente. Evitemos la intemperancia. No podemos debilitar nuestras facultades mentales o físicas, e incapacitarnos para discernir las cosas espirituales. Mantengamos nuestra mente en tal condición que Dios pueda inculcarle las preciosas verdades de su palabra.

Julio

21

Proverbios 28 - 31

Notas

Así ejerceremos influencia sobre los demás. Muchos procuran convertir la vida ajena y atacan los hábitos que para ellos son malos. Van hacia aquellos que consideran en error, les señalan sus defectos, pero no hacen un esfuerzo ferviente y atinado para dirigir las mentes a los principios verdaderos. Una conducta tal deja con frecuencia de obtener los resultados deseados.

Al procurar corregir a otros, con frecuencia despertamos su espíritu combativo y así hacemos más mal que bien. No vigilemos a los demás para señalarles sus faltas o errores. Enseñemos por el ejemplo. Sean nuestra abnegación y nuestra victoria sobre el apetito una ilustración de cómo se obedece a los principios correctos. Dejemos que nuestra vida dé testimonio de la influencia santificadora y ennoblecedora de la verdad.

Julio 23

Eclesiastés 5 - 8

Notas

En su gran amor, Dios procura desarrollar en nosotros las gracias preciosas de su Espíritu. Permite que hallemos obstáculos, persecución y opresiones, mas no como una maldición, sino como la bendición más grande de nuestra vida. Cada tentación resistida, cada aflicción sobrellevada valientemente, nos da nueva experiencia y nos hace progresar en la tarea de edificar nuestro carácter. El alma que resiste la tentación mediante el poder divino revela al mundo y al universo celestial la eficacia de la gracia de Cristo.

Julio
24
Eclesiastés 9 - 12

Cada alma está rodeada de una atmósfera propia, de una atmósfera que puede estar saturada del poder vivificador de la fe, el valor y la esperanza, y endulzada por la fragancia del amor. O puede ser pesada y fría por la bruma del descontento y el egoísmo, o estar envenenada por la contaminación fatal de un pecado acariciado. Toda persona con la cual nos relacionamos queda, consciente o inconscientemente, afectada por esa atmósfera.

El carácter es poder. El testimonio silencioso de una vida sincera, abnegada y piadosa, tiene una influencia casi irresistible. Al revelar en nuestra propia vida el carácter de Cristo, cooperamos con él en la obra de salvar almas. Solamente revelando en nuestra vida su carácter, podemos cooperar con él. Y cuanto más amplia es la esfera de nuestra influencia, mayor bien podemos hacer.

Julio

26

Cantares 7, Isaías 1 - 2

Notas

Quiera el Señor ayudar a cada uno aprovecha hasta el máximo los talentos encomendados a su cuidado. Los que trabajan en esta causa no estudian su Biblia como debieran. Si lo hicieran, sus enseñanzas prácticas tendrían una influencia positiva sobre su vida. Cualquiera sea vuestro trabajo, queridos hermanos y hermanas, hacedlo como para el Maestro, y hacedlo todo de la mejor manera posible. No paséis por alto las áureas oportunidades actuales permitiendo que vuestra vida resulte un fracaso mientras os sentáis ociosamente soñando con comodidades y éxito en un trabajo para el cual Dios nunca os ha capacitado.

Julio 27

Isaías 3 - 7

Notas

Haced la obra que tenéis más a mano. Hacedla, aun cuando debáis afrontar peligros y penalidades en el campo misionero; pero os ruego que no os quejéis de las penalidades y sacrificios. Considerad a los valdenses. Mirad qué planes ideaban a fin de que la luz del Evangelio brillara en las mentes entenebrecidas. No debemos trabajar con la expectativa de recibir recompensa en esta vida, sino con nuestros ojos fijos persistentemente en el premio que nos aguarda al fin de la carrera. Ahora se necesitan hombres y mujeres que sean tan leales al deber como la brújula al polo, hombres y mujeres que trabajen sin tener su camino allanado y sin que todo obstáculo haya sido quitado.

Julio 28

Isaías 8 - 10

He descripto lo que los colportores deben ser; y quiera el Señor abrir su mente para comprender este tema en toda su amplitud, y ojalá que comprendan su deber de representar el carácter de Cristo por su paciencia, valor e inalterable integridad. Recuerden que pueden negar a Cristo con un carácter flojo, laxo y falto de decisión. Jóvenes, si lleváis con vosotros estos principios al campo del colportaje, seréis respetados; y muchos creerán en la verdad que defendéis, porque vivís vuestra fe; porque vuestra vida diaria es una luz brillante puesta sobre un candelero, que ilumina a todos los que están en la casa.

De todos los dones que Dios ha otorgado a los hombres, ninguno es más precioso que el don del habla. Santificado por su Espíritu Santo, es un poder para el bien. Con la lengua convencemos y persuadimos, con ella ofrecemos oración y alabanza a Dios; y por su medio transmitimos ricos pensamientos referentes al amor del Redentor. Mediante el uso correcto del don del habla, el colportor puede sembrar las preciosas semillas de la verdad en muchos corazones.

Julio
30
Isaías 16 - 21

Notas

Debe darse más atención a la cultura de la voz. Podemos tener conocimiento, pero a menos que sepamos cómo usar la voz correctamente, nuestra obra será un fracaso. A menos que podamos revestir nuestras ideas de un lenguaje apropiado, ¿de qué valdrá nuestra educación? El conocimiento nos será de poca ventaja a menos que cultivemos el talento del habla; pero es un poder maravilloso cuando está combinado con la capacidad de hablar palabras sabias y útiles, y de pronunciarlas de una manera que capten la atención.

Julio

Julio 31

Isaías 22 - 25

Notas

Cuando habláis, que cada palabra esté completa y bien modulada, que cada frase sea clara y distinta hasta la palabra final. Muchas personas, al llegar al fin de una sentencia, disminuyen el tono de la voz, hablando en forma tan indistinta que se destruye la fuerza del pensamiento. Las palabras que merecen ser habladas, merecen ser dichas con una voz clara y distinta, con énfasis y expresión. Pero nunca escojáis palabras que den la impresión de que sois sabios. Cuanto mayor sea vuestra sencillez, mejor se entenderán vuestras palabras.

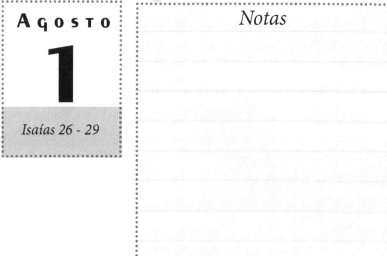

Agosto 1

Isaías 26 - 29

El colportor que puede hablar en forma clara y distinta, acerca de los méritos del libro que presenta, encontrará que esto le resulta de gran ayuda para obtener el pedido. Puede tener oportunidad de leer un capítulo, y por el tono musical de su voz y el énfasis colocado en las palabras, puede hacer que la escena presentada se destaque con tanta claridad en la mente del oyente, como si pudiera ser vista en la realidad.

La capacidad de hablar con claridad y en forma distinta, con tonos plenos y amplios es valiosa en todo ramo de trabajo. Esta cualidad es indispensable en los que desean ser ministros, evangelistas, instructores bíblicos o colportores. Los que hacen planes para entrar en estas ramas de trabajo deben aprender a usar la voz en tal forma que cuando hablen a la gente acerca de la verdad, esta haga una decidida impresión para el bien. La verdad no debe echarse a perder comunicándola de manera defectuosa.

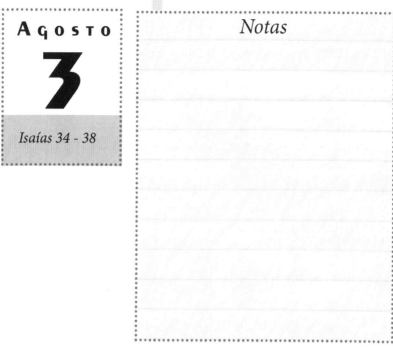

No seáis descuidados en vuestras palabras por estar entre los no creyentes, pues ellos os están juzgando. Estudiad la instrucción dada a Nadab y Abiú; los hijos de Aarón. Ellos "ofrecieron delante de Jehová fuego extraño, que él nunca les mandó". Tomando fuego común lo colocaron en sus incensarios. "Y salió fuego de delante de Jehová que los quemó, y murieron delante de Jehová. Entonces dijo Moisés a Aarón: Esto es lo que habló Jehová, diciendo: En mis allegados me santificaré, y en presencia de todo el pueblo seré glorificado" (Lev. 10: 1-3).

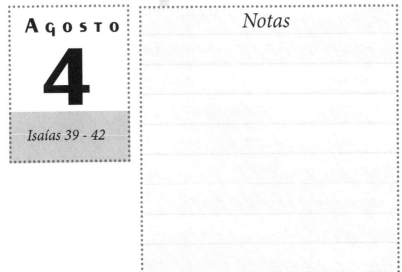

Agosto

4

Isaías 39 - 42

Notas

Los colportores deberían recordar que están trabajando con el Señor para salvar almas, y que no han de introducir ninguna vulgaridad en su sagrado servicio. Que la mente se llene de pensamientos puros y santos, y que las palabras sean bien elegidas. No obstaculicéis el éxito de vuestra obra pronunciando palabras ligeras y descuidadas.

Aquellos que trabajan para Cristo han de ser íntegros y fidedignos, firmes como una roca en sus principios, y al mismo tiempo bondadosos y corteses. La cortesía es una de las gracias del Espíritu. El tratar con las mentes humanas es la mayor obra jamás confiada al hombre; y el que quiera obtener acceso a los corazones debe acatar la recomendación: "Sed . . . compasivos, corteses . El amor hará lo que no logrará la discusión. Pero un momento de petulancia, una sola respuesta abrupta, una falta de cortesía cristiana en algún asunto sin importancia, puede dar por resultado la pérdida tanto de amigos como de influencia.

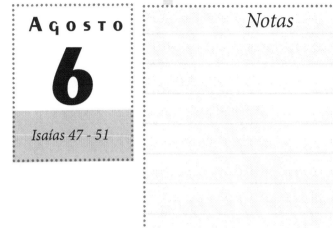

Agosto
6
Isaías 47 - 51

Notas

El obrero cristiano debe esforzarse por ser lo que Cristo era cuando vivía en esta tierra. El es nuestro ejemplo, no sólo en su pureza sin mancha, sino también en su paciencia, amabilidad y disposición servicial. Su vida es una ilustración de la cortesía verdadera, El tenía siempre una mirada bondadosa y una palabra de consuelo para los menesterosos y los oprimidos. Su presencia hacía más pura la atmósfera del hogar. Su vida era como levadura que obraba entre los elementos de la sociedad. Puro y sin mancha, andaba entre los irreflexivos, groseros y descorteses; entre injustos publicanos y samaritanos, soldados paganos, toscos campesinos, y la muchedumbre.

La religión de Jesús ablanda cuanto haya de duro y brusco en el genio, y suaviza lo tosco y violento de los modales. Hace amables las palabras y atrayente el porte. Aprendamos de Cristo a combinar un alto sentido de la pureza e integridad con una disposición alegre. Un cristiano bondadoso y cortés es el argumento más poderoso que se pueda presentar en favor del cristianismo.

Agosto 8

Isaías 58 - 62

Las palabras bondadosas son como el rocío y suaves lluvias para el alma. La Escritura dice de Cristo que la gracia fue derramada en sus labios, para que supiese "hablar en sazón palabra al cansado". Y el Señor nos recomienda: "Sea vuestra palabra siempre con gracia", "para que dé gracia a los oyentes". Puede ser que algunos de aquellos con quienes estéis en contacto sean rudos y descorteses, pero no seáis vosotros menos corteses por causa de ello. Aquel que desee conservar su respeto propio debe tener cuidado de no herir innecesariamente el de los demás. Esta regla debe observarse religiosamente para con los más duros de entendimiento, para con los que más yerran.

Agosto 9
Isaías 63 - 66

La voz del Salvador era como música a los oídos de aquellos que habían estado acostumbrados a la prédica monótona y sin vida de los escribas y fariseos. El hablaba lenta e impresionantemente, recalcando las palabras a las cuales deseaba que sus oyentes prestasen atención especial. . . La facultad del habla es de gran valor, y la voz debe cultivarse para bendición de aquellos a quienes tratamos.

Agosto 10

Jeremías 1 - 3

Notas

Hemos de hablar de Cristo a aquellos que no lo conocen. Hemos de obrar como lo hizo Cristo. Doquiera él estuviera: en la sinagoga, junto al camino, en un bote algo alejado de tierra, en el banquete del fariseo o en la mesa del publicano, hablaba a las gentes de las cosas concernientes a la vida superior. Relacionaba la naturaleza y los acontecimientos de la vida diaria con las palabras de verdad. Los corazones de sus oyentes eran atraídos hacia él; porque él había sanado a sus enfermos, había consolado a los afligidos, y tomando a sus niños en sus brazos los había bendecido. Cuando él abría los labios para hablar, la atención se concentraba en él, y cada palabra era para algún alma sabor de vida para vida.

Agosto 11

Jeremías 4 - 6

Notas

Así debe ser con nosotros. Doquiera estemos, hemos de procurar aprovechar las oportunidades que se nos presenten para hablar a otros del Salvador. Si seguimos el ejemplo de Cristo en hacer bien, los corazones se nos abrirán como se le abrían a él. No bruscamente, sino con tacto impulsado por el amor divino, podremos hablarles de Aquel que es "señalado entre diez mil", y "todo él codiciable" (Cant. 5: 10, 16). Esta es la obra suprema en la cual podemos emplear el talento del habla. Dicho talento nos ha sido dado para que podamos presentar a Cristo como el Salvador que perdona el pecado.

Agosto

12

Jeremías 7 - 9

El éxito no depende tanto del talento como de la energía y de la buena voluntad. No es la posesión de talentos magníficos lo que nos habilita para prestar un servicio aceptable, sino el cumplimiento concienzudo de los deberes diarios, el espíritu contento, el interés sincero y sin afectación por el bienestar de los demás. En la suerte más humilde puede hallarse verdadera excelencia. Las tareas más comunes, realizadas con una fidelidad impregnada de amor, son hermosas a la vista de Dios.

Agosto 13

Jeremías 10 - 13

Nadie piense que se halla en libertad para cruzarse de brazos y no hacer nada. El que alguien pueda salvarse en la indolencia e inactividad es completamente imposible. Pensad en lo que hizo Jesús durante su ministerio terrenal. ¡Cuán fervorosos, cuán incansables eran sus esfuerzos! No permitió que nada lo desviara de la obra que le fue encomendada. ¿Estamos siguiendo sus pasos? El lo abandonó todo para realizar el misericordioso plan de Dios en favor de la humanidad caída.

Agosto 14

Jeremías 14 - 17

Notas

En cumplimiento del propósito celestial, se hizo obediente hasta la muerte, y muerte de cruz. No había tenido ninguna comunión con el pecado; no lo había conocido en absoluto; pero vino a este mundo, y tomó sobre su alma inmaculada la culpa del hombre pecador para que los pecadores pudieran estar justificados delante de Dios. Luchó con la tentación venciendo en nuestro favor. El Hijo de Dios, puro e incontaminado, llevó la penalidad de la transgresión, y recibió el golpe de muerte que trajo liberación a la humanidad.

Notas

Los siervos de Dios han de ser "en el cuidado no perezosos; ardientes en espíritu, sirviendo al Señor". El descuido y la ineficacia no son piedad. Cuando nos demos cuenta de que estamos trabajando para Dios, tendremos un sentido más elevado que el que jamás hemos tenido del carácter sagrado del servicio espiritual. Esta comprensión pondrá vida y vigilancia y perseverante energía en el cumplimiento de todo deber.

Agosto

Agosto 16

Jeremías 23 - 25

Notas

La religión, la religión pura e inmaculada es intensamente práctica. Nada sino el trabajo ferviente y enérgico tendrá valor en la salvación de las almas. Hemos de hacer de nuestros deberes cotidianos actos de devoción, aumentando constantemente en utilidad porque consideramos nuestra obra a la luz de la eternidad. Dios no puede usar hombres perezosos en su causa; él necesita obreros reflexivos, bondadosos, afectuosos y fervientes.

Agosto 17

Jeremías 26 - 29

Las personas que no hayan adquirido hábitos de diligencia concienzuda y aprovechamiento del tiempo debieran haberse trazado reglas que promovieran en ellos la regularidad y la prontitud. La obra del colportor es elevada y resultará ser un éxito si él es honrado, ferviente, paciente, y realiza con perseverancia la tarea que ha emprendido. Su corazón debe estar en su trabajo. Debe levantarse temprano y trabajar diligentemente, dando el debido uso a las facultades que Dios le ha concedido.

Agosto

Agosto 18

Jeremías 30 - 32

Notas

Debe hacerse frente a las dificultades. Si son abordadas con perseverancia incesante, serán vencidas. El obrero debe estar formando constantemente un carácter simétrico. Los grandes caracteres se forman de actos y esfuerzos pequeños. Los que han entrado en el campo del colportaje están en peligro de no sentir la necesidad de ser cuidadosos en su obra. Están en peligro de llegar a contentarse con realizaciones superficiales, de ser descuidados en sus modales y perezosos en su actividad mental. Debe haber un cumplimiento fiel del deber en el campo del colportaje, porque esto es importante y sagrado.

Heme aquí - **249**

Agosto 19

Jeremías 33 - 36

Recordad que en cualquier puesto en que sirváis, reveláis qué móvil os inspira y desarrolláis vuestro carácter. Cuanto hagáis, hacedlo con exactitud y diligencia; dominad la inclinación a buscar tareas fáciles. Cuando trabajemos con diligencia para la salvación de nuestros semejantes, Dios dará éxito a todos nuestros esfuerzos.

Agosto

20

Jeremías 37 - 40

Notas

Una vez que el colportor haya iniciado su trabajo no debe permitir que se le distraiga, sino que debe perseverar inteligentemente y con toda diligencia concentrarse en un punto. Sin embargo, mientras está colportando no debe descuidar las oportunidades de ayudar a las almas que procuran luz y necesitan el consuelo de las Escrituras. Si el colportor anda con Dios, si pide en oración sabiduría celestial para hacer el bien y solamente el bien en su labor, percibirá prestamente sus oportunidades y las necesidades de las almas con las cuales trata. Aprovechará toda oportunidad de atraerlas a Cristo. En el Espíritu de Cristo, estará listo para dirigir una palabra al cansado.

Jeremías 41 - 44

Los que adquieran tal experiencia al trabajar para el Señor debieran escribir un relato de ello para nuestros periódicos, a fin de que sean alentados. Hable el colportor del gozo y la bendición que ha disfrutado en su ministerio como evangelista. Estos informes deben hallar cabida en nuestros periódicos porque son de gran alcance en su influencia. Serán como dulce fragancia en la iglesia y un sabor de vida para vida. Así se verá que Dios obra con aquellos que cooperan con él.

Agosto 22

Jeremías 45 - 48

A nuestros colportores, a todos aquellos a quienes Dios ha confiado talentos para que cooperen con él, quiero decir: Orad, oh, orad por una experiencia más profunda. Salid con el corazón enternecido y subyugado por el estudio de las verdades preciosas que Dios nos ha dado para este tiempo. Bebed a grandes sorbos del agua de la salvación, para que sea en vuestro corazón como una fuente viva, que fluya para refrigerar las almas a punto de perecer. Dios os dará entonces sabiduría que os habilite para impartir lo recto a otros. Os hará canales para comunicar sus bendiciones. Os ayudará para revelar sus atributos e impartir a otros la sabiduría y el entendimiento que os ha impartido a vosotros.

Ruego a Dios que podáis comprender este asunto en su longitud, anchura y profundidad, y que sintáis vuestra responsabilidad de representar el carácter de Cristo por la constancia de vuestra paciencia, valor e integridad. "Y la paz de Dios, que sobrepuja todo entendimiento, guardará vuestros corazones y vuestros entendimientos en Cristo Jesús" (Fil. 4: 7). La oración humilde y ferviente hará más en favor de la circulación de nuestros libros que todos los costosos embellecimientos del mundo.

Agosto

24

Jeremías 51 - 52

Notas

Si los obreros quieren dedicar su atención a lo que es verdadero, vivo y real; si quieren orar por el Espíritu Santo, creer y confiar en él, su poder se derramará sobre ellos en poderosos raudales celestiales, y se harán impresiones correctas y verdaderas sobre el corazón humano. Por lo tanto orad y trabajad, y trabajad y orad, y el Señor obrará con vosotros. Satanás está en vuestro camino. Es un adversario artero, y el espíritu maligno con que tropezáis en vuestro trabajo es inspirado por él. Aquellos a quienes él dirige se hacen eco de sus palabras.

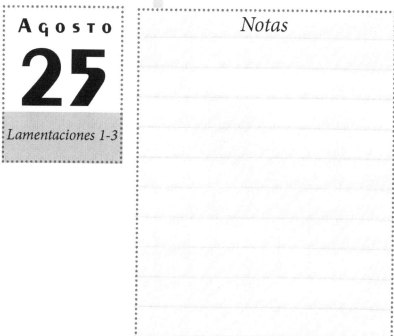

Si se pudiera descorrer el velo que cubre sus ojos, los que trabajan de esta suerte verían a Satanás ejerciendo todas sus artes para ganarlos para sí desviándolos de la verdad. En la tarea de rescatar almas de sus engaños, se realizará mucho más por medio de la oración humilde hecha con el espíritu de Cristo que utilizando muchas palabras sin oración. Los obreros deben tener el alma constantemente elevada a Dios en oración. Nunca están solos. Si tienen fe en Dios, si se dan cuenta de que se les ha confiado la obra de dar al pueblo la luz sobre los temas bíblicos, gozarán constantemente de la compañía de Cristo.

Agosto

Agosto 26

Lamentaciones 4, Ezequiel 2

Jacob prevaleció, porque fue perseverante y decidido. Su experiencia atestigua el poder de la oración insistente Este es el tiempo en que debemos aprender la lección de la oración que prevalece y de la fe inquebrantable. Las mayores victorias de la iglesia de Cristo o del cristiano no son las que se ganan mediante el talento o la educación, la riqueza o el favor de los hombres. Son las victorias que se alcanzan en la cámara de audiencia con Dios, cuando la fe fervorosa y agonizante se ase del poderoso brazo de la omnipotencia.

Agosto
27
Ezequiel 3 - 6

Notas

Los que no están dispuestos a dejar todo pecado y, buscar seriamente la bendición de Dios, no la alcanzarán. Pero todos los que se afirmen en las promesas de Dios como lo hizo Jacob, y sean tan vehementes y constantes como lo fue él, alcanzarán el éxito que él alcanzó. La senda de la sinceridad e integridad no es una senda libre de obstrucción, pero en toda dificultad hemos de ver una invitación a orar.

AGOSTO

28
Ezequiel 7 - 10

Notas

Bien sabe Satanás que todos aquellos a quienes pueda inducir, a descuidar la oración, y el estudio de las Sagradas Escrituras serán vencidos por sus ataques. De aquí que invente cuanta estratagema le es posible para tener las mentes distraídas. Los que se revistan de toda la armadura de Dios y dediquen algún tiempo todos los días y la meditación y a la oración y al estudio de las Escrituras estarán relacionados con el Cielo y, tendrán una influencia salvadora y transformadora sobre los que los rodean.

Agosto 29
Ezequiel 11 - 13

Son muchos los que a causa del prejuicio no conocerán la verdad a menos que les sea llevada a sus casas. El colportor puede encontrar estas almas y servirlas. Hay un ramo de trabajo de casa en casa que puede realizar con más éxito que los demás. Puede familiarizarse con la gente y comprender sus verdaderas necesidades; puede orar con ella señalarle al Cordero de Dios que quita el pecado del Mundo. Así se abrirá el camino para que el mensaje especial para este tiempo halle acceso a los corazones.

Agosto 30
Ezequiel 14 - 16

La obra del colportor evangélico, cuyo corazón está imbuido del Espíritu Santo, está repleta de maravillosas posibilidades para el bien. La presentación de la verdad de casa en casa, con amor y sencillez, está en armonía con la instrucción que Cristo dio a sus discípulos cuando los envió en su primera gira misionera. Por medio de los cantos de alabanza, y por oraciones sencillas y fervientes, muchos serán alcanzados. El Obrero divino estará presente para impartir convicción a los corazones. "He aquí que estoy yo con vosotros siempre", es su promesa. Con la seguridad de la permanente presencia de un ayudador tal podemos trabajar con fe, esperanza y valor.

AGOSTO

Agosto 31

Ezequiel 17 - 19

Notas

Otros publicadores tienen sistemas regulares para introducir en el mercado libros que no son de ningún valor vital. "Los hijos de este siglo son en su generación más sagaces que los hijos de luz". Áureas oportunidades se presentan casi todos los días en que los mensajeros silenciosos de la verdad pueden ser introducidos en el seno de las familias y vendidos a la gente; pero, los indolentes y los descuidados no aprovechan estas oportunidades. Los predicadores vivientes son pocos. Hay solamente uno donde debiera haber ciento. Muchos están cometiendo un grave error al no poner sus talentos para ser usados en la obra de buscar y salvar las almas de sus semejantes.

Septiembre

Centenares de hombres deben estar ocupados en llevar la luz por nuestras ciudades, pueblos y aldeas. La mente del público debe ser agitada. Dios dice: envíese la luz a todas partes del campo. El ha decidido que los hombres sean canales de luz, y que la lleven a los que están en tinieblas. Han de organizarse campañas de colportaje para la venta de nuestras publicaciones, para que el mundo pueda ser iluminado sobre lo que nos espera en el inmediato futuro.

Septiembre

Septiembre

2

Ezequiel 22 - 23

Notas

Nuestras casas editoras deben caracterizarse por una señalada prosperidad. Nuestros hermanos pueden sostenerlas si muestran un interés decidido en llevar nuestras publicaciones al mercado... Cuanto más amplia sea la circulación de nuestras publicaciones, mayor será la demanda de libros que aclaren las Escrituras de verdad. Muchos se están disgustando con las inconsistencias, los errores y la apostasía de las iglesias, y con los festivales, ventas de caridad, loterías y numerosas invenciones para recolectar dinero destinado a la iglesia.

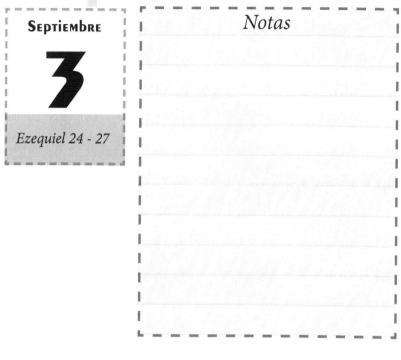

Hay muchos que están buscando la luz en las tinieblas. Si nuestros periódicos, folletos y libros que expresan la verdad en el sencillo lenguaje bíblico, pudieran ser puestos ampliamente en circulación, muchas personas hallarían que esas publicaciones son precisamente lo que necesitan. Pero muchos de nuestros hermanos obran como si la gente tuviera que venir a ellos o acudir a nuestras oficinas para obtener publicaciones, cuando millares ignoran que existen.

Septiembre

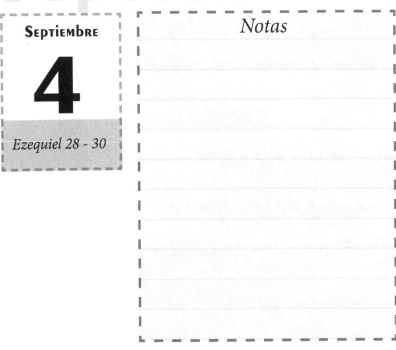

Septiembre
4
Ezequiel 28 - 30

Notas

Dios pide de sus hijos que obren como hombres vivos y que no sean insolentes, perezosos e indiferentes. Debemos llevar las publicaciones a las personas y urgirlas a que las acepten; mostrándoles que recibirán mucho más que el valor de su dinero. Exaltad el valor de los libros que ofrecéis. No podéis enaltecerlos demasiado. Algunas cosas de grave importancia no han estado recibiendo la debida atención en nuestras oficinas de publicaciones.

Heme aquí - **267**

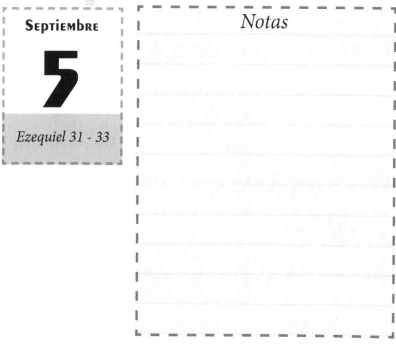

Los hombres que desempeñan puestos de responsabilidad debieran haber elaborado planes por los cuales nuestros libros pudieran ser puestos en circulación y no continuar en los estantes, permaneciendo inertes después de salir de la prensa. Nuestros hermanos están atrasados y no se mantienen al paso con las oportunidades que la providencia de Dios abre.

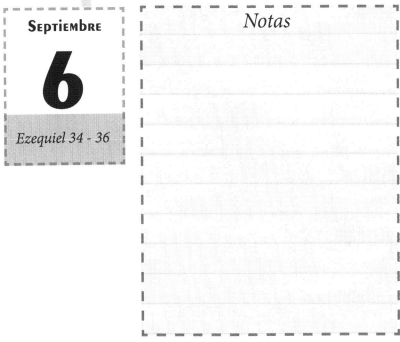

Septiembre

6

Ezequiel 34 - 36

Notas

Muchas de nuestras publicaciones han sido lanzadas al mercado a un precio tan bajo que las ganancias no son suficientes para sostener la oficina y mantener un buen fondo con que continuar operando. Aquellos de nuestros hermanos que no tienen una preocupación especial por los diversos ramos de trabajo. . . no se informan con respecto a las necesidades de la causa y el capital requerido para mantener la empresa en movimiento. No entienden la posibilidad de las pérdidas y los gastos que ocurren todos los días en las instituciones. Parecen pensar que todo se mueve sin mucho cuidado o desembolso de medios, y por lo tanto hacen hincapié en la necesidad de fijar los precios más bajos para nuestras publicaciones, dejando así un escaso margen.

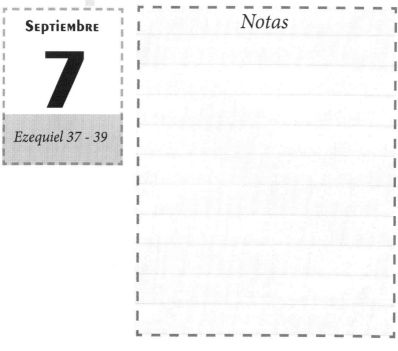

Y después que los precios han sido reducidos a cifras casi ruinosas, manifiestan sólo un débil interés en aumentar las ventas de los mismos libros para los cuales pidieron tales precios bajos. Habiendo logrado su objeto, cesa la preocupación, cuando debieran tener un interés ferviente y verdadero cuidando en impulsar la venta de las publicaciones, sembrando así la simiente de la verdad y trayendo medios a las oficinas para invertir en otras publicaciones.

Septiembre

Septiembre

8

Ezequiel 40 - 42

Notas

Ha habido un gran descuido del deber de parte de los ministros al no interesar a las iglesias de las localidades donde ellos trabajan, en este asunto. Una vez que se reduce el precio de los libros, resulta muy difícil volver a aumentarlos hasta que alcancen una base que compense los gastos, mientras hombres de mentes estrechas clamarán que se trata de especulación, sin discernir que nadie resulta beneficiado, y que los instrumentos de Dios no deben ser inutilizados por falta de capital. Libros que deben ser ampliamente puestos en circulación yacen inútilmente en nuestras oficinas de publicaciones porque no se ha manifestado suficiente interés en hacerlos circular.

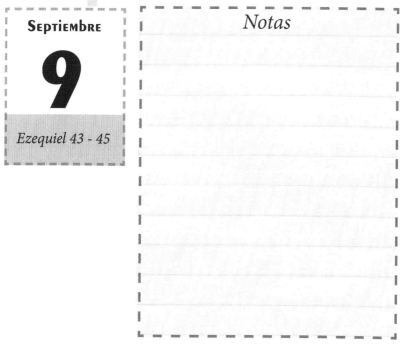

La prensa es un poder; pero si su producto muere por falta de hombres que ejecuten planes para hacerlos circular ampliamente, su poder se pierde. Aunque ha habido una aguda perspicacia para discernir la necesidad de trazar planes para multiplicar los libros y folletos, se han descuidado los planes para hacer ingresar de nuevo los medios invertidos, como para que produzcan otras publicaciones. El poder de la prensa, con todas sus ventajas, se halla en manos de esos hombres; y ellos pueden utilizarlo sacando el máximo de provecho, o pueden estar medio dormidos y por la inacción perder las ventajas que sería posible obtener. Por cálculos juiciosos pueden extender la luz mediante la venta de los libros y folletos. Pueden enviarlos a millares de familias que ahora se hallan en la oscuridad del error.

Septiembre

Septiembre
10
Ezequiel 46 - 48

Notas

Aquellos que tienen humildad genuina y cuyas mentes se han desarrollado por las reveladas en el Evangelio, ejercerán una influencia que podrá sentirse, producirán impresión en las mentes y corazones, y los respetará la mayoría de la gente, aun tratándose de los que no tienen simpatía por su fe. Lograrán éxito en presentar las verdades de la Biblia y en hacer circular nuestros preciosos periódicos, porque el Señor les abrirá el camino. Pero instar a la gente mediante regalos y premios a que se suscriba, no ejerce una permanente influencia para el bien. Si nuestros obreros salieran con fe en las verdades de la Biblia, con amor para Cristo y las almas en sus corazones, lograrían mayores resultados en la tarea de conseguir suscriptores permanentes, que dependiendo de premios y precios bajos.

Heme aquí

Septiembre 11

Daniel 1 - 2

El énfasis que se da a estos alicientes para suscribirse a la revista, hace la impresión de que esta no tiene mérito verdadero en sí misma. Los resultados serían mejores si se pusiera más énfasis en la revista, y si el dinero gastado en premios fuera usado para distribuir unos ejemplares gratuitamente. Cuando se ofrecen los premios, puede ser que haya algunos que se suscriban y que de otra manera no lo harían, pero habrá otros que rehusarán suscribirse por considerarlo una especulación. Si el colportor presentara los méritos del periódico mismo, con el corazón elevado a Dios y solicitando éxito, y si dependiera menos de premios, serían mayores los resultados.

Septiembre

Septiembre

12

Daniel 3 - 5

Notas

Para hacer circular El Conflicto de los Siglos, Patriarcas y Profetas, El Deseado de Todas las Gentes, Daniel y Apocalipsis, y otros libros, deben conseguirse colportores que tengan un sentido del valor de los temas tratados por estos volúmenes, y una comprensión de la obra que ha de ser hecha para interesar a la gente en la verdad. Se dará a tales colportores ayuda especial, que está por, encima de todas las supuestas ventajas de las ilustraciones. Los colportores que han nacido de nuevo por la obra del Espíritu Santo, serán acompañados por los ángeles, que irán delante de ellos a las moradas de la gente, preparándoles el camino.

Heme aquí -

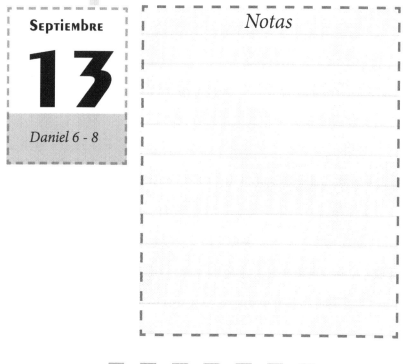

Uno de los métodos más sencillos y, sin embargo más eficaces para trabajar es el del colportor evangélico. Por un comportamiento cortés y por la bondad, tal obrero puede abrir la puerta de muchos hogares. Cuando hospedado por extraños debe manifestarse considerado y servicial. Nunca debe convertirse en una carga, exigiendo ser atendido por las personas sobre las cuales descansan los cuidados del hogar. Si hubiera enfermedad en la casa mientras él se aloja allí, hará lo que pueda para ayudar. Muchas veces encontrará a hombres que dicen que están muy ocupados para escuchar una presentación o un estudio bíblico. A menudo puede lograr su atención ayudándolos en su trabajo.

Septiembre

Septiembre
14
Daniel 9 - 11

Notas

Cuando poséis en los hogares de la gente, compartid las cargas del hogar... Ayudad al cansado padre en las tareas domésticas. Interesaos en los niños. Sed considerados. Trabajad con humildad y el Señor obrará con vosotros. En todo lugar que visitéis, encontraréis personas enfermas y que sufren. Aliviadlas si es posible, aun cuando al hacerlo seáis demorados un poco de tiempo. . . . El uso de medios sencillos en el tratamiento de los enfermos, será una lección objetiva. Si resulta oportuno, orad por el enfermo. Dios puede levantarlo, y esto será un testimonio en favor de la verdad. Decid a la familia que visitéis lo que debe hacer para mantenerse bien. Llevad con vosotros algunos folletos que traten de la reforma pro salud, y dejadlos con la gente. Así sembraréis la semilla de la verdad.

Los colportores deben poder dar instrucciones en lo que se refiere a tratar a los enfermos. Deben familiarizarse con los métodos sencillos de dar tratamientos higiénicos. Así podrán trabajar como misioneros médicos y atender las almas y los cuerpos de los dolientes. Esta obra debiera estar realizándose en todas partes del mundo. Así muchísimos podrían recibir las bendiciones de las oraciones e instrucciones de los siervos de Dios.

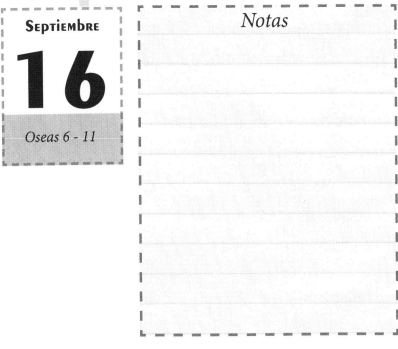

Septiembre 16

Oseas 6 - 11

Los colportores nunca deben olvidar que han de hacer fervientes esfuerzos para realizar obra misionera médica. Las publicaciones que tratan de la reforma pro salud se necesitan mucho ahora en el mundo. La intemperancia lucha por dominar. La complacencia propia está aumentando. En esta obra el colportor puede hacer mucho para mostrar a las personas a quienes visita el valor de una vida sana. En lugar de parar en un hotel, debiera, si es posible, obtener alojamiento en una casa particular. Al sentarse a la mesa para comer con la familia, practique la instrucción dada en las obras sobre salud que vende. Si tiene oportunidad, hable del valor de la reforma pro salud. Si es cortés en sus palabras y sus actos, hallará que sus palabras dejan una impresión para el bien.

Septiembre

17

Oseas 12,
Joel 1 - 2

Notas

Decid a la gente que tenéis para la venta libros que dan muchos consejos valiosos con respecto a las enfermedades y cómo evitarlas, y que un estudio de esta instrucción ahorra muchos sufrimientos y también mucho dinero gastado para pagar las cuentas del médico. Decidles que en estos libros hay consejos que posiblemente no puedan obtener de su médico durante las cortas visitas que les hice.

Septiembre

Septiembre 18

Joel 3, Amos 1 - 4

Notas

"Calzados los pies con el apresto del Evangelio de paz", seréis: preparados para ir de casa en casa, llevando la verdad a las gentes. A veces hallaréis que es muy cansador hacer esta clase de obra; pero si salís con fe, el Señor irá delante de vosotros, y su luz brillará sobre vuestro camino. Al entrar en los hogares de vuestros vecinos para vender o colocar nuestras publicaciones, y enseñar con modestia la verdad a la gente, seréis acompañados por la luz del cielo.

Heme aquí - **281**

Aprended a cantar los himnos más sencillos. Estos os ayudarán en vuestro trabajo de casa en casa y los corazones serán tocados por la influencia del Espíritu Santo. . . . Podremos gozarnos en la compañía de los ángeles celestiales. Puede ser que no discernamos sus formas, pero por la fe podemos saber que están con nosotros.

Septiembre

Septiembre
20
*Abdías 1,
Jonás 1 - 4*

Notas

Muchos de nuestros colportores se han apartado de los principios correctos. El deseo de obtener ventajas mundanales desvió su mente del verdadero propósito y espíritu de la obra. Nadie piense que con ostentación se hará la impresión correcta sobre la gente. Ella no obtendrá los mejores resultados ni los más permanentes. Nuestra obra consiste en dirigir las mentes a las verdades solemnes para este tiempo. Será únicamente cuando nuestro propio corazón esté lleno del espíritu de las verdades contenidas en el libro que vendemos, y cuando con humildad llamemos la atención de la gente a estas verdades, cuando el verdadero éxito acompañará nuestros esfuerzos; porque únicamente entonces el Espíritu Santo, que convence de pecado, de justicia y de juicio, estará presente para impresionar los corazones.

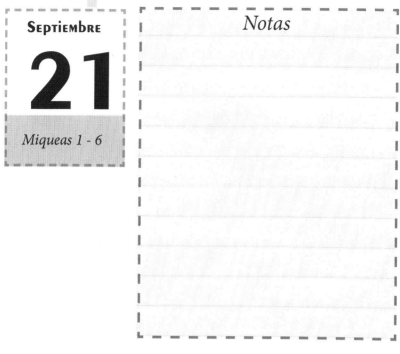

La obra se paraliza porque, los que aseveran seguir a Cristo no obedecen a los principios evangélicos. La manera incorrecta en que algunos colportores, tanto antiguos como nuevos, han cumplido su obra demuestra que tienen que aprender lecciones importantes. Se me ha mostrado mucho trabajo desordenado. Algunos se han acostumbrado a hábitos deficientes, y han manifestado esta deficiencia en la obra de Dios. Las sociedades de publicaciones han contraído grandes deudas porque los colportores no pagaron sus cuentas. Los colportores han considerado que se los trataba mal si se les pedía que pagasen puntualmente los libros recibidos de las casas editoras. Sin embargo, la única manera de hacer negocio es exigir el pago puntual.

Septiembre

Septiembre
22
Miqueas 7, Nahum 1 - 3

Notas

Deben arreglarse las cosas de tal manera que los colportores tengan bastante para vivir sin retirar más de lo que les corresponde. Esta puerta de tentación debe cerrarse y atrancarse. Por honrado que sea un colportor, se presentarán en su trabajo circunstancias que serán para él una grave tentación. La pereza y la indolencia no son frutos del árbol cristiano. Ningún alma puede practicar la prevaricación o la improbidad en el manejo de los bienes del Señor y permanecer sin culpa delante de Dios. Todos los que hacen esto niegan a Cristo por sus acciones.

Septiembre

Septiembre

23

Habacub 1,
Sofonías 1 - 3

Notas

Los bienes del Señor deben manejarse con fidelidad. El Señor ha confiado a los hombres la vida, la salud y las facultades del raciocinio; les ha dado fuerza física y mental para que la ejerciten; y ¿no deben estos dones ser empleados fiel y diligentemente para gloria de su nombre? ¿Han considerado nuestros hermanos que deben dar cuenta de todos los talentos que les han sido confiados? ¿Han negociado prudentemente con los bienes de su Señor, o han gastado temerariamente sus recursos, y han sido anotados en el cielo como siervos infieles? Muchos están gastando el dinero de su Señor en así llamados goces.

Septiembre

Septiembre
24
*Hageo 1,
Zacarías 1 -3*

Notas

No adquieren experiencia en la abnegación, sino que gastan dinero en vanidades, y no llevan la cruz en pos de Jesús. Muchos que se vieron privilegiados al recibir de Dios preciosas oportunidades, han despilfarrado sus vidas, y se encuentran ahora achacosos y menesterosos. Dios pide que haya un mejoramiento decidido en los diversos ramos de su obra. Los negocios hechos en relación con la causa de Dios deben ir señalados por una mayor precisión y exactitud. No se ha hecho un esfuerzo firme y decidido para realizar una reforma esencial.

Todos deben practicar la economía. Ningún obrero debe manejar sus asuntos de una manera tal que le haga incurrir en deudas. La práctica de sacar dinero de la tesorería antes que haya sido ganado, es una trampa. De esta forma los recursos quedan limitados, y como resultado los obreros no pueden ser sostenidos en la obra misionera. Cuando uno cae voluntariamente en deudas, está deslizándose dentro de una de las redes que Satanás coloca para las almas.

Septiembre

Septiembre

26

Zacarías 10 - 14

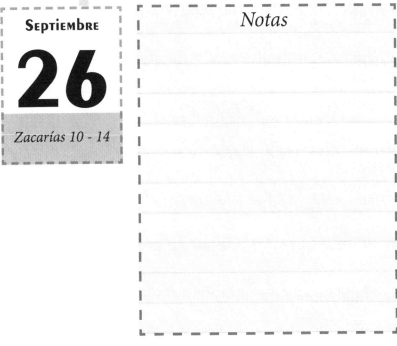

Notas

Cuando caen en dificultades, algunos colportores esperan que se saque dinero de la tesorería para ayudarlos a salir de ellas, tan sólo para caer de nuevo en estrecheces, y pedir otra vez ayuda. Los que sirven como mayordomos de los bienes en la tesorería deben mantener una actitud de atenta vigilancia para cuidar que no se agoten las reservas por estos drenajes. Cuando los hombres no pueden, por medio de su trabajo en el colportaje, devolver a la tesorería todo peso que le pertenezca en justicia, deténganse donde están. No debiera ocuparse en el colportaje a menos que puedan allegar medios a la tesorería, en lugar de sacar.

La obra del colportaje no ha de ser conducida de una manera floja, descuidada. Los que se ocupan en una obra que exige el manejo de dinero, deben llevar una estricta cuenta de cada centavo recibido y pagado. La educación que así se obtiene en la exactitud los capacitará para una utilidad mayor.

Si un colportor continúa pidiendo libros, y no envía informe de su trabajo, ni hace ninguna declaración con respecto a su recepción y gasto del dinero que maneja, los que están a cargo de la obra, de alguna manera bondadosa y amigable traten de cerciorarse de cual es la verdadera situación.

Septiembre

28

Mateo 1 - 4

El proporcionar libros libremente a un agente hasta que se halle desesperadamente envuelto en deudas es hacer una injusticia, tanto al colportor como a aquellos que lo emplean. Un procedimiento tan flojo y descuidado acarrea desánimo. El obrero que lea que no es capaz de tener éxito en la obra del colportaje debe ir a las personas debidas y decirles que no puede continuar en ese ramo de la obra. Todo colportor debe ser veraz, honrado y fiel. Cuántas almas podrían ser salvadas de la tentación, y cuánto dolor podría evitarse si todos nuestros obreros fueran educados a ser tan fieles a los principios como el acero.

Algunos colportores han manejado sus negocios de una manera tan floja que constantemente han estado minando los fondos necesarios para llevar adelante la obra. Han vendido libros, y han dado la impresión de que estaban trabajando en pro de la causa; pero en lugar de traer los medios tan necesarios para el progreso de la obra, han sacado mucho dinero de la tesorería. Se han apropiado de los medios que han llegado a sus manos, y que no les pertenecían, para hacer frente a sus propios gastos, los de su familia, o para favorecer sus relaciones familiares.

Septiembre

Septiembre
30
Mateo 7 - 9

Notas

Adueñándose, para su propio uso, de lo que pertenece a la obra de Dios, los colportores caen en dificultades, separan sus almas de Dios y crean un sentimiento de incertidumbre, y una falta de confianza en los que trabajan con ellos en el campo. Al mismo tiempo les hacen una injusticia a sus colaboradores. Hombres que hacen lo mejor que les es posible pueden ser considerados con suspicacia, y así se los hace sufrir a consecuencia de la conducta de algunas personas indignas de confianza.

Octubre

Octubre

Octubre 1

Mateo 10 - 11

Notas

El resultado es que la causa de Dios cae en perplejidades y dificultades, y se echa una gran carga sobre los que han sido designados para llevar pesadas responsabilidades. Si se permite que continúe esta manera floja de atender los asuntos comerciales, no solamente se permitirá un drenaje de medios de la tesorería, sino que se cortarán los fondos que provienen de los hermanos. Esto destruirá su confianza en los que están encabezando la obra y que tienen a su cargo el manejo de los fondos, e inducirá a muchos a cesar en sus donaciones y ofrendas.

Octubre 2

Mateo 12 - 13

La conducta de estos obreros descuidados ha impuesto a los hombres que están actuando como dirigentes, una carga que les oprime el corazón. Están perplejos por saber cómo preservar a la causa de Dios de toda especie de robo, y al mismo tiempo salvar las almas de los que albergan esas ideas torcidas acerca de la verdadera honradez.La práctica de pedir prestado dinero para aliviar alguna necesidad apremiante, sin hacer cálculos para cancelar la deuda, por común que sea, es desmoralizadora. El Señor quiere que todos los que creen en la verdad se conviertan de estas prácticas engañosas.

Octubre 3

Mateo 14 - 15

Notas

Deben preferir sufrir necesidad antes que cometer actos deshonestos... si los que ven la verdad no cambian el carácter en consonancia con la influencia santificadora de esta, serán un sabor de muerte para muerte. Representarán mal la verdad, traerán reproche sobre ella, y deshonrarán a Cristo, quien es la verdad. El asunto que debe ser considerado es el siguiente: ¿Por qué medios puede hacerse progresar la obra, puede impedirse que los colportores creen dificultad a la causa, y arrojen una carga sobre las casas editoras debido a su manejo descuidado y egoísta de los asuntos comerciales? Esta pregunta es de gran importancia.

Octubre 4

Mateo 16 - 18

Notas

Algunos se han colocado a sí mismos, y a su familia en las más apremiantes circunstancias debido a un manejo deficiente de sus ingresos en el colportaje. Han incurrido en deudas, y han pedido dinero prestado de personas que no son de nuestra fe. Algunos han mezclado con el trabajo de distribuir nuestras publicaciones y defender la verdad, la compra y venta de otros artículos. Esto constituye una mala combinación. Mientras trabajan para lograr ventajas para sí mismos, son seducidos por la perspectiva de comprar artículos por menos de su valor y venderlos por más dinero. Por lo tanto, el mundo los considera como estafadores, hombres que obtendrían ventajas para sí mismos, sin considerar el caso de los demás. Ellos no observan los mandamientos de Dios; porque no aman a su prójimo como a sí mismos.

Octubre 5

Mateo 19-21

Notas

Si nuestros colportores son dominados por un espíritu de ganancias financieras, si hacen circular los libros en los cuales pueden obtener más dinero; descuidando otros que la gente necesita, yo pregunto: ¿En qué sentido es su trabajo una obra misionera? ¿Dónde está el espíritu misionero, el espíritu de abnegación? La obra del colportor inteligente y que teme a Dios ha sido presentada como de igual valor que la del pastor. ¿Debe, pues, el colportor sentirse libre, más que el ministro, para actuar impulsado por móviles egoístas?

Octubre 6

Mateo 22 - 23

Notas

¿Debiera él ser infiel a los principios de la obra misionera, y vender solamente los libros que son más baratos y más fáciles de manejar, descuidando la tarea de colocar, delante de la gente los libros que den más luz, porque al hacerlo pueda ganar, más dinero para sí? ¿Cómo se revela el espíritu misionero? ¿No ha dejado la obra del colportaje de ser lo que debiera ser? ¿Cómo es que no se eleva ninguna voz para corregir este estado de cosas?

Octubre

OCTUBRE
7
Mateo 24 - 25

Notas

Pero muchos son atraídos a la obra del colportaje para vender libros y, grabados que no expresan nuestra fe, que no dan luz al comprador. Son inducidos a hacer esto porque las perspectivas financieras son más halagüeñas que las que se les pueden ofrecer como obreros con credencial. Estas personas no están obteniendo ninguna capacitación especial para el ministerio evangélico. No están obteniendo la experiencia que los habilitaría para el trabajo. No están aprendiendo a llevar la carga de las almas ni obteniendo diariamente un conocimiento de la manera más exitosa de ganar a la gente para la verdad. Están perdiendo tiempo y oportunidades.

Notas

Estos hombres son frecuentemente desviados de las convicciones del Espíritu de Dios, y reciben una estampa mundana de carácter, olvidando cuánto deben al Señor, quien dio su vida por ellos. Usan sus facultades para satisfacer sus propios intereses egoístas y rehusan trabajar en la viña del Señor. Muchos de los obreros que trabajan en el campo del colportaje no hacen ningún sacrificio. Como clase tienen menos del espíritu misionero que los obreros de cualquier otra denominación. Cuando el camino está plenamente preparado delante de ellos, cuando pueden obtener los sueldos más elevados, están dispuestos a entrar en el campo.

Octubre 9

Mateo 27 - 28

Notas

Se les presentan muchos alicientes a los colportores para que trabajen con libros populares; se les ofrecen altos sueldos; y muchos rehúsan trabajar por menos sueldo para hacer circular libros que tratan de la verdad presente. Por lo tanto se han aumentado los alicientes para corresponder con los que ofrecen otros editores, y como consecuencia el gasto para colocar nuestras publicaciones en manos de la gente es elevado; muchos de los colportores ganan su dinero fácilmente y lo gastan con liberalidad.

Octubre

O CTU BRE
10
Marcos 1-2

Notas

Pueden gastarse buenas sumas de dinero innecesariamente en cuentas de hotel. La causa de Dios se hallaba tan enraizada en el corazón de los pioneros de este mensaje, que ellos raramente tomaban alguna comida en algún hotel, aun cuando el costo de la misma fuera sólo de veinticinco centavos. ... Hay personas que practican la abnegación para aportar recursos a la causa de Dios; practiquen pues los obreros de la causa también la abnegación limitando sus gastos tanto como les sea posible. Sería bueno que todos nuestros obreros estudiaran la historia de los misioneros valdenses e incitaran su ejemplo de sacrificio y abnegación.

Octubre

Octubre 11

Marcos 3 - 4

Notas

La prensa es un poderoso instrumento que Dios ha ordenado para que sea combinado con las energías del predicador vivo a fin de llevar la verdad a toda nación, tribu, lengua y pueblo. Se me ha indicado que aun donde la gente oye el mensaje del predicador, el colportor debe realizar su obra en cooperación con el ministro; porque aunque el predicador presente fielmente el mensaje, la gente no lo puede retener todo. La página impresa es, por lo tanto, esencial, no sólo para despertarlos y hacerles comprender la importancia de la verdad para este tiempo, sino para arraigarlos y fundamentarlos en la verdad, y corroborarlos contra los errores engañosos.

Octubre

12

Marcos 5 - 6

Notas

Los libros y periódicos son los medios dispuestos por el Señor para tener constantemente el mensaje para este tiempo delante de la gente. En cuanto a iluminar y confirmar a la gente en la verdad, las publicaciones harán una obra mayor que el solo ministerio de la palabra hablada. Los mensajeros silenciosos que son colocados en los hogares de la gente por la obra del colportor, fortalecerán la obra del Evangelio de todas maneras, porque el Espíritu Santo impresionará la mente de los que leen los libros, como impresiona la mente de los que escuchan la predicación de la Palabra. El mismo ministerio de los ángeles que acompaña a la obra del predicador, acompaña también a los libros que contienen la verdad.

Heme aquí - **307**

Octubre

13

Marcos 7 - 8

La obra de cooperar con el pastor evangélico en la tarea de presentar la verdad a toda nación lengua y pueblo, es por cierto una labor esencialísima. Debe realizarse en consonancia con la exaltada verdad que profesamos amar. Por medio de la obra del colportaje, las mentes de muchas personas que ahora están absortas en la iniquidad y el error, pueden ser iluminadas. Por medio de este instrumento puede prepararse a un pueblo que esté en pie en el gran día de Dios que está delante de nosotros.

OCTUBRE 14

Marcos 9 - 10

La predicación de la Palabra es un medio por el cual el Señor ordenó que se dé al mundo su mensaje de amonestación. En las Escrituras se representa al maestro fiel como pastor de la grey de Dios. Se le ha de respetar, y su obra debe ser apreciada. La verdadera obra misionera médica está vinculada con el ministerio, y el colportaje ha de ser parte tanto de la obra misionera médica como del ministerio. A los que se dedican a esta obra quiero decir: "Mientras visitáis a la gente decidle que trabajáis por la difusión del Evangelio, y que amáis al Señor".

Octubre 15
Marcos 11 - 12

He recibido cartas en las que se pregunta con respecto a los deberes del colportor. Algunos han dicho que al visitar a la gente han encontrado oportunidades favorables para presentar la verdad para este tiempo, y casi se han visto obligados a dar estudios bíblicos. Estas oportunidades ellos no podían descuidarlas a sabiendas. Por otra, parte recibo cartas que indican que nuestros colportores están descuidando su tarea para dar estudios bíblicos sobre temas doctrinales, y que anden que el prejuicio despertado por estos estudios ha dificultado la entrega de los libros; y algunos están pidiendo consejo con respecto a estos asuntos.

Octubre

Octubre 16

Marcos 13 - 14

Notas

Creemos que hay verdad en ambas declaraciones: que los colportores encuentran oportunidades favorables para inducir a la gente a una comprensión mejor de la Biblia, y que, debido a la manera en que, aprovechan estas ocasiones, se despierta prejuicio y la obra resulta obstaculizada. Cuando el colportor emprende su obra, no debe permitirse ser distraído de ella, sino que debe mantenerse aplicado a la misma en forma inteligente y con toda diligencia. Y, mientras se mantiene fiel en su trabajo de colportaje, no debe descuidar las oportunidades de ayudar a los que buscan la luz y necesitan el consuelo de las Escrituras.

Heme aquí - **311**

Octubre

O C T U B R E
17
Marcos 15 - 16

Notas

Si el colportor camina con Dios, si ora pidiendo sabiduría celestial a fin de poder hacer lo bueno, y solamente lo bueno en su trabajo, discernirá rápidamente las necesidades de aquellos con quienes se relacione. Aprovechará de la mejor manera sus oportunidades para conducir las almas a Cristo, no espaciándose en temas doctrinales, sino sobre el amor de Dios, sobre su misericordia y bondad en el plan de salvación. Con el espíritu de Cristo estará listo para hablar una palabra oportuna al cansado.

Octubre

Octubre 18

Lucas 1

Notas

La gran necesidad del alma es conocer a Dios y a Jesucristo, a quien él ha enviado. La Biblia abunda en lecciones prácticas, que el colportor puede presentar sabiamente. Si él puede por este medio impartir un conocimiento de la religión práctica, estará alimentando a la gente, que necesita precisamente tan precioso alimento. Tenemos una grandiosa obra que hacer por el Maestro, la de abrir la Palabra de Dios a los que están en las tinieblas del error. Jóvenes amigos, obrad como si tuvierais un cometido sagrado. Debéis ser estudiosos de la Biblia, siempre listos para dar a todo hombre que os lo demande razón de la esperanza que hay en vosotros.

Octubre

Octubre 19

Lucas 2 - 3

Notas

Por medio de una verdadera dignidad cristiana dad evidencia de que sabéis que tenéis una verdad que a la gente le interesa escuchar. Si esta verdad está grabada en el alma, se manifestará en el semblante y en el comportamiento, en un noble y tranquilo dominio propio, y en una paz que sólo el cristiano puede poseer. Mientras el colportor visita a la gente en sus hogares, tendrá a menudo oportunidad de leerles pasajes de la Biblia o de los libros que enseñan la verdad.

- Heme aquí

Octubre

20

Lucas 4 - 5

Notas

Cuando descubre personas que están buscando la verdad, puede celebrar estudios bíblicos con ellas. Estos estudios bíblicos son precisamente lo que la gente necesita. Dios empleará en su servicio a aquellos que manifiesten así profundo interés en las almas que perecen. Por su intermedio impartirá luz a aquellos que están dispuestos a recibir instrucción. La obra del colportaje nunca debe languidecer. Los instrumentos puestos en acción para realizar esta obra necesitan estar siempre bajo el control del Espíritu Santo de Dios.

Octubre 21

Lucas 6 - 7

Notas

El hombre necesita un poder exterior a sí mismo para restaurarle a la semejanza de Dios y habilitarle a hacer la obra de Dios; pero esto no hace que no sea esencial el agente humano. La humanidad hace suyo el poder divino, Cristo mora en el corazón por la fe; y mediante la cooperación con lo divino el poder del hombre se hace eficiente para el bien. El que llamó a los pescadores en Galilea está llamando todavía a los hombres a su servicio. Y está tan dispuesto a manifestar su poder por medio de nosotros como por los primeros discípulos.

Octubre

22

Lucas 8

Notas

Debemos orar tan fervorosamente por el descenso del Espíritu Santo como los discípulos oraron el día de Pentecostés. Si ellos lo necesitaban en aquel tiempo, nosotros lo necesitamos más hoy. Las tinieblas morales, cual un palio funerario, cubren la tierra. Toda suerte de falsas doctrinas, engaños satánicos y herejías están descarriando la mente de los hombres. Sin el Espíritu y el poder de Dios será en vano que trabajamos para presentar la verdad.

Octubre

O c t u b r e
23
Lucas 9 - 10

Notas

Cuando bajo la prueba los jóvenes muestren que tienen una preocupación genuina por las almas, y un intenso anhelo de salvar a sus semejantes, verán almas convertidas. A consecuencia de su trabajo se recogerá una cosecha para el Señor. Salgan ellos como verdaderos misioneros para realizar la obra de hacer circular los libros que contienen la verdad presente. Mientras lo hacen, eleven oraciones a Dios en procura de mayor luz y de la dirección de su Espíritu, para que puedan saber cómo hablar palabra en sazón. Cuando ven una oportunidad para hacer un acto de bondad, aprovéchenla como si estuvieran trabajando por sueldo. Recuerden que así están sirviendo al Señor.

Octubre

Octubre 24
Lucas 11 - 12

Notas

Dios no nos pide que hagamos con nuestra fuerza la obra que nos espera. El ha provisto ayuda divina para todas las emergencias a las cuales no puedan hacer frente nuestros recursos humanos. Da el Espíritu Santo para ayudarnos en toda dificultad, para fortalecer nuestra esperanza y seguridad, para iluminar nuestra mente y purificar nuestro corazón.

El obrero humilde y eficiente, que responde obedientemente al llamamiento de Dios, puede tener la seguridad de que recibirá la asistencia divina. Sentir una responsabilidad tan grande y santa, es en sí mismo elevador para el carácter. Pone en acción las cualidades mentales más elevadas, y su ejercicio continuo fortalece y purifica la mente y el corazón.

Octubre

Octubre 25

Lucas 13 - 14

Notas

La influencia ejercida sobre la vida de uno, como sobre la de los demás es incalculable. Cuando el Espíritu de Dios se posesiona del corazón, transforma la vida. Los pensamientos pecaminosos son puestos a un lado, las malas acciones son abandonadas; el amor, la humildad y la paz, reemplazan a la ira, la envidia y las contenciones. La alegría reemplaza a la tristeza, y el rostro refleja la luz del cielo. Aunque Josué había recibido la promesa de que Dios derrocaría ciertamente a los enemigos de Israel realizó un esfuerzo tan ardoroso como si el éxito de la empresa dependiera solamente de los ejércitos de Israel. Hizo todo lo que era posible para la energía humana, y luego pidió con fe la ayuda divina.

Octubre

Octubre 26

Lucas 15 - 17

Notas

El secreto del éxito estriba en la unión del poder divino con el esfuerzo humano. Los que logran los mayores resultados son los que confían más implícitamente en el brazo del Todopoderoso. Entréguense los colportores evangélicos a la dirección del Espíritu Santo para que obre por su medio. Por la oración perseverante, echen mano del poder que proviene de Dios y confíen en él con fe viva. Su grande y eficaz influencia acompañará a todo obrero fiel y veraz. Así como Dios bendice al ministro y al evangelista en sus fervorosos esfuerzos por presentar la verdad a la gente, bendecirá al colportor fiel.

Octubre

27

Lucas 18 - 19

Notas

Conságrense a Dios jóvenes y ancianos, emprendan la obra y, trabajando con humildad, avancen bajo el control del Espíritu Santo. Comprended a cada momento que debéis tener la presencia del Espíritu Santo; porque él puede realizar una obra que vosotros no podéis hacer por vosotros mismos. Nuestros libros deben ser vendidos por obreros consagrados, a quienes el Espíritu Santo pueda emplear como instrumentos suyos. Cristo es nuestra suficiencia y debemos presentar la verdad con humilde sencillez, dejándole manifestar su propio sabor de vida para vida.

Octubre

28

Lucas 20 - 21

Notas

No pueden menos los corazones que ser conmovidos por la historia de la expiación. aprendéis a ser mansos y humildes como Cristo, sabréis qué decir a la gente; porque el Espíritu Santo os enseñará las palabras que habréis de hablar. Los que comprenden la necesidad que hay de mantener el corazón bajo el dominio del Espíritu Santo, se verán capacitados para sembrar una semilla que brotará para vida eterna. Tal es la obra del colportor evangélico

Octubre 29

Lucas 22

Notas

El Señor Jesús, que está al lado del colportor y camina con él, es el obrero principal. Si reconocemos que Cristo nos acompaña para preparar el camino, el Espíritu Santo que está a nuestro lado hará las impresiones precisamente necesarias.

Octubre

OCTUBRE 30
Lucas 23 - 24

Notas

Podemos iluminar a la gente tan sólo con el poder de Dios. Los colportores deben mantener sus propias almas en una relación viva con Dios. Deben trabajar orando porque Dios abra el camino, y prepare los corazones para recibir el mensaje que él les envía. No es la capacidad del instrumento o del obrero, sino que es el Espíritu de Dios obrando en el corazón, lo que otorga verdadero éxito.

A todos los que tantean para sentir la mano guiadora de Dios, el momento de mayor desaliento es cuando más cerca está la ayuda divina. Mirarán atrás con agradecimiento, a la parte más oscura del camino..... Salen de toda tentación y prueba con una fe más firme y una experiencia más rica.

Octubre

Octubre 31

Juan 1 - 2

Notas

Los que están en las tinieblas del error han sido comprados con la sangre de Cristo. Son el fruto de sus sufrimientos, y ha de trabajarse por ellos. Que nuestros colportores sepan que están trabajando por el avance del reino de Cristo. El les enseñará, mientras avancen para hacer la obra que Dios les ha señalado, a amonestar al mundo acerca del juicio que se aproxima. Acompañado por el poder de persuasión, el poder de la oración, el poder del amor de Cristo, la obra del evangelista no puede quedar ni quedará sin fruto. Pensad en el interés que el Padre y el Hijo tienen en esta obra. Así como el Padre ama al Hijo, el Hijo ama a los que son suyos, los que trabajan como él trabajó para salvar a las almas que perecen.

Nadie necesita sentirse impotente; pues Cristo declara: "Toda potestad me es dada en el cielo y en la tierra". El ha prometido que dará su poder a sus obreros. El poder de Cristo llegará a ser el de ellos. Ellos han de vincular sus almas con Dios. Cristo quiere que todos gocen la riqueza de su gracia, que trasciende todo cómputo. Es ilimitada e inagotable. Es nuestra por el pacto eterno, si somos obreros juntamente con Dios. Es nuestra si nos unimos con él para atraer a muchos hijos e hijas a Dios.

Noviembre

Noviembre 2

Juan 5 - 6

Notas

Consagraos plenamente a la obra de Dios. El es vuestra fortaleza, y estará a vuestra diestra, ayudándolos a realizar sus misericordiosos designios. Dios acepta el servicio prestado de todo corazón, y suplirá las deficiencias. A cada uno que se ofrece al Señor para servirle, sin retener nada, se le da el poder de lograr limitados resultados

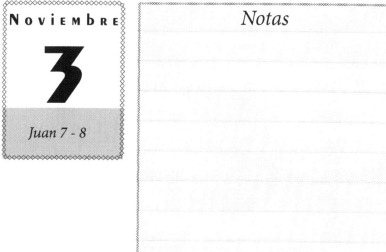

Necesitamos comprender más plenamente la misión de los ángeles. Sería bueno recordar que cada verdadero hijo de Dios cuenta con la cooperación de los seres celestiales. Ejércitos invisibles de luz y poder acompañan a los mansos y humildes que creen y aceptan las promesas de Dios; hay a la diestra de Dios querubines y serafines, y ángeles poderosos en fortaleza, "son todos espíritus administradores, enviados para servicio a favor de los que serán herederos de salud" (Heb. 1:14).

Noviembre

4

Juan 9 - 10

Notas

En esa obra junto a las almas que perecen, tendréis la compañía de los ángeles. Miríadas y miríadas de ángeles están listos para colaborar con los miembros de nuestras iglesias para comunicar la luz que Dios impartió generosamente para preparar un pueblo para la venida de Jesús. Tienen su constante compañía, su ministerio incesante. Los ángeles de luz y poder están siempre cerca para ayudar, consolar, sanar, instruir e inspirar. Les pertenece la educación más elevada, la cultura más genuina y el servicio más exaltado que puedan alcanzar los seres humanos en este mundo.

Noviembre 5

Juan 11 - 12

Notas

Nada es aparentemente más indefenso y sin embargo más verdaderamente invencible, que el alma que siente que no es nada y descansa plenamente en los méritos del Salvador. Dios enviaría a todos los ángeles del cielo en ayuda de tal alma, antes que permitir que sea vencida. Nuestros colportores están obteniendo señalado éxito. ¿Y por qué no habrían de alcanzarlo? Los ángeles del cielo actúan con ellos. Centenares de personas que creen la verdad, si mantienen la humildad de corazón, harán una buena obra, en la compañía de los ángeles celestiales.

Noviembre

6

Juan 13 - 14

Dios usará a los que se humillen de corazón delante de él, y se santifiquen con fe y humildad, siguiendo el ejemplo del Gran Maestro, y hablando palabras que alumbren a los que no son de nuestra fe. Hemos de trabajar paciente y desinteresadamente, como siervos del Señor, abriendo las Escrituras ante los demás. Una gran responsabilidad descansa sobre el colportor. El debe ir a su trabajo preparado para explicar las Escrituras. Si pone su confianza en el Señor mientras va de lugar en lugar, los ángeles de Dios estarán en derredor de él para ayudarle a decir palabras que infundan luz, esperanza y valor a muchas almas.

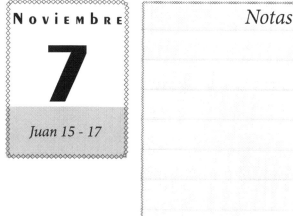

Dios impresionará a aquellos cuyos corazones están abiertos a la verdad, y que anhelan dirección. El dirá a este instrumento humano: "Háblale a éste o a aquel del amor de Jesús". Tan pronto como el nombre de Jesús se menciona con amor y ternura, los ángeles de Dios se acercan, para enternecer y subyugar el corazón. Cada colportor tiene necesidad positiva y constante del ministerio angélico; porque tiene una obra importante que hacer, una obra que no puede hacer por sus propias fuerzas.

Noviembre 8

Juan 18 - 19

Los que han renacido, que están dispuestos a ser guiados por el Espíritu Santo, haciendo en la manera de Cristo lo que puedan, los que quieren trabajar como si pudiesen ser el universo celestial que los vigila, serán acompañados e instruidos por los ángeles santos, que irán delante de ellos a las moradas de las gentes, preparando el camino para ellos. Una ayuda tal supera en mucho a las ventajas que se supone pueden dar los embellecimientos o adornos costosos.

Noviembre 9

Juan 20 - 21

Cuando los hombres se den cuenta de los tiempos en que vivimos, obrarán como a la vista del Cielo. El colportor venderá los libros que imparten luz y fuerza al alma. Beberá del espíritu de estos libros, y los presentará a la gente con toda su alma. Su fuerza, su valor, su éxito dependerán de cuán plenamente esté entretejida en su propia experiencia, y desarrollada en su carácter la verdad presentada en los libros. Cuando su propia vida esté así amoldada, podrá proseguir presentando a otros la verdad sagrada que maneja. Imbuido del Espíritu de Dios, obtendrá una experiencia profunda y rica, y los ángeles celestiales le darán éxito en la obra.

Noviembre

10

Hechos 1 - 3

Notas

Jesús y los santos ángeles coronarán de éxito los esfuerzos de los hombres inteligentes y temerosos de Dios que hagan todo lo que está a su alcance para salvar a las almas. En forma silenciosa, modesta, con un corazón desbordante de amor, traten de conquistar las mentes para que investiguen la verdad, dando estudios bíblicos cuando puedan. Al hacerlo estarán sembrando las semillas de verdad junto a todas las aguas, mostrando las alabanzas de Aquel que nos ha llamado de las tinieblas, a su luz admirable.

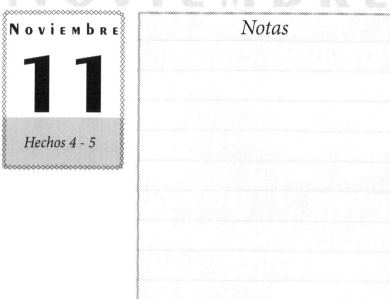

Noviembre 11
Hechos 4 - 5

Los que realizan esta obra impulsados por motivos correctos hacen un trabajo importante de servicio en favor de los demás. No manifestarán un carácter débil e indeciso. Su mente se amplía, sus modales se hacen más refinados. No deben poner ningún límite a su progreso, sino que día tras día deben ser capacitados para hacer una obra buena. Para proveernos lo necesario, nuestro Padre celestial tiene mil maneras de las cuales nada sabemos. Los que aceptan el principio sencillo de hacer del servicio de Dios el asunto supremo, verán desvanecerse sus perplejidades y extenderse ante sus pies un camino despejado.

Noviembre 12

Hechos 6 - 7

Notas

Hemos de ser cristianos sinceros y fervientes, que realicen con fidelidad los deberes confiados a sus manos, y que miren siempre a Jesús, el Autor y Consumador de la fe. Nuestra recompensa no depende de nuestro éxito aparente, sino del espíritu con el cual se realiza nuestro trabajo. Como colportores o evangelistas, podéis no haber tenido el éxito por el cual orasteis, pero recordad que no conocéis ni podéis medir el resultado del esfuerzo fiel.

Heme aquí -

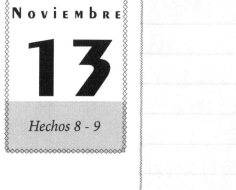

Noviembre 13

Hechos 8 - 9

Notas

Cuando los obreros descansan continuamente en Dios, y cuando practican constantemente la abnegación; no se hundirán en: el desánimo. No se verán acongojados. Recordarán que en todo lugar hay almas de las cuales el Señor tiene necesidad, y a quienes el diablo está buscando para sumirlas con firmeza en la esclavitud del pecado y de la desobediencia de la ley de Dios. El colportor no necesita desanimarse si es llamado a encarar dificultades en su obra; trabaje con fe, y la victoria le será dada. "Porque no tenemos lucha contra sangre y carne; sino contra principados contra potestades, contra señores del mundo".

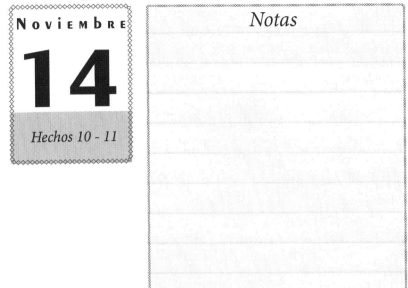

Siempre que se presente un libro que exponga el error, Satanás está al lado de la persona a quien se le ofrece, y la compele con razones por las cuales no debería comprarlo. Pero un instrumento divino trabaja para influir la mente en favor de la luz. Los ángeles ministradores opondrán su poder al de Satanás. Y cuando por la influencia del Espíritu Santo la verdad es recibida en la mente y el corazón, tendrá un poder transformador sobre el carácter.

Noviembre 15

Hechos 12 - 13

Notas

Haced de la palabra de Cristo vuestra seguridad. ¿No os ha invitado a ir a él? Nunca os permitáis hablar de una manera descorazonada y desesperada. Si lo hacéis perderéis mucho. Mirando las apariencias, y quejándonos cuando vienen las dificultades y premuras, revelaréis una fe enferma y débil. Hablad y obrad como si vuestra fe fuera invencible. El Señor es rico en recursos: el mundo le pertenece. Mirad al cielo con fe. Mirad a Aquel que posee luz, poder y eficiencia.

Noviembre 16

Hechos 14 - 16

Notas

Los que trabajan para Dios encontrarán desaliento, pero siempre les pertenece esta promesa: "He aquí, yo estoy con vosotros todos los días, hasta el fin del mundo" (Mat. 28: 20). Dios dará experiencia admirable a los que digan: "Creo tu promesa; no fracasaré ni me desalentaré". Nuestro amado Salvador nos enviará ayuda en el momento mismo en que la necesitemos. El camino del cielo quedó consagrado por sus pisadas. Cada espina que hiere nuestros pies hirió también los suyos. El cargó antes que nosotros la cruz que cada uno de nosotros ha de cargar. El Señor permite los conflictos a fin de preparar al alma para la paz.

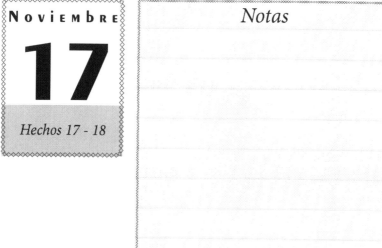

Noviembre 17

Hechos 17 - 18

Notas

No se exhala un suspiro, no se siente un dolor, ni ningún agravio atormenta el alma, sin que haga también palpitar el corazón del Padre. . . . Dios se inclina desde su trono para oír el clamor de los oprimidos. A toda oración sincera, él contesta: "Aquí estoy". Levanta al angustiado y pisoteado. En todas nuestras aflicciones, él es afligido. En cada tentación y prueba, el ángel de su presencia está cerca de nosotros para librarnos.

Noviembre

Noviembre 18

Hechos 19 - 20

Notas

Mientras el profeta [Jonás] pensaba en las dificultades e imposibilidades aparentes de lo que se le había encargado, se sintió tentado a poner en duda la prudencia del llamamiento . . . Mientras vacilaba y seguía dudando Satanás le abrumó de desaliento, . . . El encargo que había recibido imponía a Jonás una pesada responsabilidad; pero el que le había ordenado que fuese podía sostener a su siervo y concederle éxito.

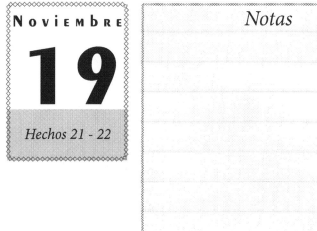

Hechos 21 - 22

Nunca permitáis que os falte el ánimo. Nunca habléis con incredulidad a causa de que las apariencias están contra nosotros. Al trabajar por el Maestro sentiréis la presión de la falta de medios, pero el Señor escuchará y contestará vuestras peticiones de ayuda. Que nuestro lenguaje sea: "Porque el Señor Jehová me ayudará;. por tanto no me avergoncé por eso, puse mi rostro como un pedernal, y sé que no seré avergonzado" (Isa. 50: 7).

Noviembre
20
Hechos 23 - 25

Notas

Estemos llenos de esperanza y de valor. El desánimo en el servicio del Señor es irracional y pecaminoso. Dios conoce cada una de nuestras necesidades. El posee la omnipotencia. Puede conceder a sus siervos la medida de eficiencia que necesitan según su situación. Sed fuertes, y hablad con esperanza. Esforzaos frente a los obstáculos. Habéis entrado en una unión espiritual con Cristo Jesús.

Noviembre

21

Hechos 26-28

Notas

La Palabra es nuestra seguridad. Acercaos a vuestro Salvador con la plena confianza de la fe viva, juntando vuestras manos con las suyas. Id a donde él os conduzca. Cualquier cosa que él os diga, hacedla. El os enseñará tan gustosamente como a cualquier otro. Fue la fe que Caleb tenía en Dios lo que le dio ánimo; lo que lo guardó del temor del hombre, aun de los poderosos gigantes, los hijos de Anac, y lo capacitó para mantenerse firme, decidida e impertérritamente en defensa de lo recto.

Noviembre

22

Romanos 1 - 3

Notas

De parte de la misma exaltada fuente, el poderoso General de los ejércitos del cielo, todo verdadero soldado de la cruz de Cristo debe recibir fortaleza y valor para vencer los obstáculos que a menudo parecen insuperables....... Necesitamos Calebs hoy... que con palabras valientes induzcan poderosamente a la acción inmediata. Los que sirven a Dios deben manifestar animación y firmeza en la obra de salvar almas. Recordemos que hay quienes perecerán a menos que nosotros, como instrumentos de Dios, obremos con resolución inquebrantable. Debemos depender de continuo del trono de la gracia.

Noviembre

23

Romanos 4 - 6

Notas

Surgirán dificultades que probarán vuestra fe y paciencia. Encaradlas valientemente. Mirad el lado brillante. Si la obra se halla obstaculizada, estad seguros de que ello no sea causado por vuestra falta, y entonces avanzad regocijándoos en el Señor. Mas cuando nos llega la tribulación, ¡cuántos somos los que pensamos como Jacob! Imaginamos que es la mano de un enemigo y luchamos a ciegas en la oscuridad hasta que se nos agota la fuerza, y no logramos consuelo ni rescate... Nosotros también necesitamos aprender que las pruebas implican beneficios y que no debemos menospreciar el castigo del Señor ni desmayar cuando él nos reprende.

Noviembre 24

Romanos 7 - 9

Notas

Los que trabajan para Cristo nunca han de pensar, y mucho menos hablar, acerca de fracasos en su obra. El Señor Jesús es nuestra eficiencia en todas las cosas; su Espíritu ha de ser nuestra inspiración; y al colocarnos en sus manos, para ser conductos de luz nunca se agotarán nuestros medios de hacer bien. Podemos allegarnos a su plenitud, y recibir de la gracia que no tiene límites. No son las capacidades que poseéis hoy, o las que tendréis en lo futuro, las que os darán éxito. Es lo que el Señor puede hacer por vosotros. Necesitamos tener una confianza mucho menor en lo que el hombre puede hacer, y una confianza mucho mayor en lo que Dios puede hacer por cada alma que cree.

Noviembre

25

Romanos 10 - 11

Notas

El anhela que extendáis hacia él la mano de la fe. Anhela que esperéis grandes cosas de él. Anhela daros inteligencia así en las cosas materiales como en las espirituales. El puede aguzar el intelecto. Puede impartir tacto y habilidad. Emplead vuestros talentos en el trabajo; pedid a Dios sabiduría, y os será dada. Si buscáis a Dios y os convertís cada día; si de vuestra propia voluntad escogéis ser libres y gozosos en Dios; si con alegría en el corazón respondéis a su llamamiento y lleváis el yugo de Cristo, que es yugo de obediencia y de servicio, todas vuestras murmuraciones serán acalladas, todas las dificultades se alejarán, y quedarán resueltos todos los problemas complejos que ahora os acongojan.

Noviembre

26

Romanos 12 - 13

El Señor llama obreros para que entren en el campo del colportaje a fin de que los libros que contienen la verdad presente puedan ser esparcidos. La gente en el mundo necesita saber que las señales de los tiempos se están cumpliendo. Llevadles los libros que han de alumbrar a los hombres. Los que han estado mucho tiempo en la verdad están dormidos. Necesitan ser santificados por el Espíritu Santo. El mensaje del tercer ángel ha de ser proclamado en alta voz. Acontecimientos formidables están delante de nosotros. No tenemos tiempo que perder. No permita Dios que dejemos que los asuntos menores eclipsen la luz que debe darse al mundo.

Noviembre 27
Romanos 14 - 16

Notas

El mensaje de amonestación debe llevarse a todas partes del mundo. Nuestros libros han de publicarse en muchos y diferentes idiomas. Con estos libros, hombres humildes y fieles han de salir como colportores evangélicos, llevando la verdad a muchas personas que de otra manera nunca serían iluminadas. Mi corazón se conduele al ver personas que profesan esperar al Salvador y que dedican su tiempo y sus talentos a hacer circular libros que no contienen nada de las verdades especiales para este tiempo: libros de narraciones, de biografías, libros de teorías y especulaciones humanas.

Noviembre 28

1 Corintios 1 - 4

Notas

El mundo está lleno de tales libros; pueden comprarse dondequiera; pero ¿cómo pueden los seguidores de Cristo ocuparse en una obra tan común, cuando existe una clamorosa necesidad de la verdad de Dios por todas partes? No es nuestra misión difundir tales obras. Hay millares de otras personas para hacer esto, que hasta ahora no tienen suficiente conocimiento de algo mejor. Nosotros tenemos una misión definida, y no debemos abandonarla para realizar otras tareas al margen de la misma. Los hombres y los medios no han de, emplearse para presentar a la gente libros que no tengan relación con la verdad presente.

Noviembre

29

1 Corintios 5 - 8

Notas

A menos que se ejerza cuidado, el mercado será inundado de libros de baja categoría, y la gente será privada de la luz y la verdad que es esencial que tenga para que sea preparado el camino del Señor. Difundan los colportores libros que traigan luz y fuerza al alma, y beban ellos en el espíritu de estos libros. Pongan toda su alma en la obra de presentar estos libros al pueblo. Si están imbuidos del Espíritu de Dios, los ángeles celestiales les darán éxito en su obra, y adquirirán rica y profunda experiencia.

Noviembre

30

1 Corintios 9 - 11

Notas

Actualmente nuestros obreros deberían ser animados a consagrar mayormente su atención a libros que establezcan las pruebas de nuestra fe libros que enseñen las doctrinas de la Biblia y preparen un pueblo capaz de soportar las pruebas de los penosos días que nos esperan. Después de haber traído la gente a la luz de la verdad, por medio de instrucciones bíblicas dadas con un espíritu de oración, y por el uso juicioso de nuestros impresos, debemos enseñarles a ser obreros de Dios en palabra y en doctrina. Debe animárseles a distribuir los libros que tratan temas bíblicos, libros cuya enseñanza prepare un pueblo que sea capaz de mantenerse firme, teniendo los lomos ceñidos y sus lámparas encendidas.

Diciembre

Diciembre

1

1 Corintios 12 - 14

Notas

Debe estimularse a los colportores a emprender esta obra; no a vender libros de cuentos, sino a presentar al mundo los libros que contienen la verdad esencial para este tiempo. Los libros mayores... contienen la verdad presente para este tiempo: la verdad que ha de ser proclamada en todas partes del mundo. Nuestros colportores han de hacer circular los libros que dan instrucción definida con respecto a los mensajes decisivos que han de preparar a un pueblo para estar en pie sobre la plataforma de la verdad eterna, levantando en alto el estandarte que lleva esta inscripción: "Los mandamientos de Dios y la fe de Jesús".

Diciembre 2

1 Corintios 15 - 16

Notas

Se me ha indicado que la obra del colportaje ha de ser reavivada. Nuestros libros más pequeños, con nuestros folletos y revistas, pueden y deben ser usados en relación con nuestros libros mayores. Se me ha indicado que los libros importantes que contienen la luz que Dios ha dado respecto a la apostasía de Satanás en los cielos, deben recibir una amplia circulación precisamente ahora; pues por su medio la verdad debe llegar a todas las mentes. Patriarcas y Profetas, Daniel y Apocalipsis, y El Conflicto de los Siglos son más necesarios ahora que nunca antes. Deben ser ampliamente difundidos porque las verdades que destacan abrirán muchos ojos ciegos.

Diciembre

3

2 Corintios 1 - 4

Notas

Muchos de nuestros hermanos han estado ciegos ante la importancia de los mismos libros que más necesitamos. Si se hubiese manifestado entonces tacto y habilidad en la venta de estos libros, el movimiento en pro de la ley dominical no se hallaría donde está ahora. En El Deseado de Todas las Gentes, Patriarcas y Profetas, El Conflicto de los Siglos, y Daniel y Apocalipsis existe preciosa instrucción. Estos libros deben ser considerados de especial importancia, y debe hacerse todo esfuerzo posible para presentarlos a la gente.

Diciembre

Diciembre 4

2 Corintios 5 - 8

Notas

Según la instrucción que he recibido, los libros Daniel y Apocalipsis, El Conflicto de los Siglos y Patriarcas y Profetas se abrirán paso. Contienen precisamente el mensaje que la gente debe recibir, la luz especial que Dios ha dado a su pueblo. Los ángeles de Dios prepararán el camino para estos libros en el corazón de la gente. Agradezco a mi Padre celestial por el interés que mis hermanos y hermanas han manifestado en la circulación de Lecciones Prácticas del Gran Maestro. Por medio de la venta de este libro se ha realizado mucho bien, y la obra debe continuarse. Pero los esfuerzos de nuestros hermanos no deben limitarse a este único libro.

Heme aquí - **363**

Diciembre 5

2 Corintios 9 - 13

Notas

La obra del Señor incluye más que un ramo del servicio, Lecciones Prácticas del Gran Maestro ha de vivir y hacer la obra que le ha sido señalada, pero no todo el pensamiento y el esfuerzo del pueblo de Dios ha de ser dado a su circulación. Los libros mayores, Patriarcas y Profetas, El Conflicto de los Siglos, El Deseado de Todas las Gentes, deben venderse por doquiera, Estos libros contienen verdad para este tiempo: una verdad que ha de ser proclamada en todas partes de mundo. Nada ha de obstaculizar su venta.

Diciembre

6

Gálatas 1 - 4

Notas

El esfuerzo por hacer circular Lecciones Prácticas del Gran Maestro ha demostrado lo que puede hacerse en el campo del colportaje. Este esfuerzo es una lección que nunca ha de olvidarse acerca de cómo colportar con un espíritu de oración y con una confianza que proporcionan éxito. Muchos más de nuestros libros mayores podrían haberse vendido si los miembros de nuestra iglesia hubieran despertado a la importancia de las verdades que estos libros contienen, y se hubieran dado cuenta de su responsabilidad de hacerlos circular.

Diciembre

7

*Gálatas 5,
Efesios 1 - 2*

Notas

Hermanos y hermanas, ¿no haréis ahora un esfuerzo para hacer circular estos libros? ¿y no pondréis en este esfuerzo el entusiasmo que habéis empleado en el esfuerzo por vender Lecciones Prácticas del Gran Maestro? Al vender este libro muchos han aprendido cómo trabajar con libros grandes. Han obtenido una experiencia que los ha preparado para entrar en el campo del colportaje. La Hna. White no es la originadora de estos libros. Ellos contienen la instrucción que durante el período de su vida Dios le ha estado dando.

Diciembre

Diciembre 8

Efesios 3 - 6

Notas

Contienen la luz preciosa y consoladora que Dios ha concedido generosamente a su sierva para ser dada al mundo. De sus páginas esta luz ha de brillar iluminando los corazones de los hombres y mujeres, y conduciéndolos al Salvador. El Señor me ha señalado que estos libros han de ser esparcidos por todo el mundo. Hay en ellos verdad que, para el que la recibe, es un sabor de vida para vida. Son mensajeros silenciosos para Dios.

Diciembre

9

Filipenses 1 - 4

Notas

En lo pasado han sido los medios en sus manos para convencer y convertir a muchas almas. Muchos los han leído con ávida expectativa, y por medio de su lectura han sido guiados a ver la eficacia del sacrificio de Cristo, y a confiar en su poder. Han sido inducidos a encomendar el cuidado de sus almas a su Creador, esperando y anhelando la venida del Señor para llevara sus amados a su hogar eterno. En lo futuro, estos libros han de aclarar el Evangelio a muchos otros, revelándoles el camino de la salvación.

Diciembre 10

Colosenses 1 - 4

Notas

El Señor ha enviado a su pueblo mucha instrucción, línea sobre línea, precepto sobre precepto, un poquito aquí y un poquito allá. Poco caso se hace de la Biblia y el Señor ha dado una luz menor para guiar a los hombres y mujeres a la luz mayor. ¡Oh, cuánto bien podría haberse realizado si los libros que contienen esta luz fueran leídos con una determinación de practicar los principios que contienen! Habría una vigilancia, una abnegación y un esfuerzo resuelto mil veces mayores. Y muchos más se regocijarían ahora en la luz de la verdad presente.

Diciembre

Diciembre 11

1 Tesalonicenses 1 - 5

Notas

Hermanos y hermanas, trabajad fervorosamente para hacer circular estos libros. Poned vuestro corazón en la tarea, y la bendición de Dios os acompañará. Salid con fe orando que el Señor prepare los corazones para recibir la luz. Sed agradables y corteses. Mostrad por medio de una conducta consecuente que sois verdaderos cristianos. Andad en la luz del cielo y obrad de acuerdo con ella, y vuestra senda será como la senda de los justos, cuyo brillo va en aumento hasta que el día es perfecto.

Diciembre

12

2 Tesalonicenses 1,
1 Timoteo. 2

Notas

¿Cuántos han leído cuidadosamente Patriarcas y Profetas, El Conflicto de los Siglos y El Deseado de Todas las Gentes? Quiero que todos entiendan que mí confianza en la luz que Dios ha dado permanece firme, porque yo sé que el poder del Espíritu Santo magnífico la verdad y la hizo honorable al decir: "Este es el camino, andad por él". En mis libros se, presenta la verdad robustecida por un "Así dice el Señor". El Espíritu Santo grabó estas verdades en mi corazón y mi mente en forma tan indeleble como la ley fue grabada por el dedo de Dios en las tablas de piedra que están ahora en el arca, para ser puestas de manifiesto en el gran día cuando se pronuncie sentencia contra toda ciencia mala y seductora producida por el padre de la mentira.

Diciembre
13
1 Timoteo 3 - 6

A Dios le agradará ver El Deseado de Todas las Gentes en todo hogar. En este libro está contenida la luz que él ha dado en su Palabra. A nuestros colportores yo les diría: Salid con vuestros corazones enternecidos y subyugados por la lectura de la vida de Cristo. Bebed profundamente del agua de la salvación, para que sea: en vuestro corazón como una fuente viva, que fluye para refrescar las almas que están a, punto de perecer. El Conflicto de los Siglos debe ser ampliamente difundido. Contiene la historia del pasado, el presente y el futuro. En su bosquejo de las escenas finales de la historia de esta tierra, presenta un poderoso testimonio en favor de la verdad. Estoy más ansiosa de ver una amplia circulación de este libro que de cualquier otro que o haya escrito porque en El Conflicto de los Siglos, el último mensaje de amonestación al mundo es dado en forma más distinta que en cualquier otro de mis libros.

Diciembre 14

2 Timoteo 1 - 4

Notas

Me dirijo a vosotros los que estáis ocupados en la obra del colportaje. ¿Habéis leído el tomo 4 [El Conflicto de los Siglos]? ¿Sabéis lo que contiene? ¿Tenéis algún aprecio por el tema que trata? ¿No véis que la gente necesita la luz que se da en él? Si todavía no lo habéis hecho, os ruego que leáis cuidadosamente estas solemnes amonestaciones. Estoy segura que el Señor quiere que esta obra sea llevada por todos los caminos y vallados, donde haya almas para ser amonestadas del peligro que pronto ha de venir.

Diciembre 15

Tito 1, Filemón 1

He sido movida por el Espíritu de Dios a escribir ese libro, y mientras trabajaba en él, he sentido una gran preocupación en mi alma. Sabía que el tiempo era corto, que las escenas que pronto han de agolparse sobre nosotros vendrán al final en forma repentina y rápida, como se las presenta en las palabras de la Escritura: "El día del Señor vendrá como ladrón en la noche". El Señor ha colocado delante de mí asuntos que son de urgente importancia para el tiempo presente; y que alcanzan al futuro.

Diciembre

16
Hebreos 1 - 5

Notas

Se me ha dado este encargo: "Escribe en un libro las cosas que has visto y oído, para que este libro vaya a toda la gente; porque está cerca el tiempo cuando la historia pasada ha de repetirse". Me he despertado a la una, a las dos o a las tres de la madrugada con algún punto impresionado con fuerza sobre mi mente, como si hubiera sido hablado por la voz de Dios. . . . Se me ha mostrado . . . que debía dedicarme a escribir los importantes asuntos del tomo 4 [El Conflicto de los Siglos]; que la amonestación debe ir donde el predicador vivo no puede llegar, y que debe llamar la atención de muchos a los importantes acontecimientos que han de ocurrir en las escenas finales de la historia de este mundo.

Diciembre
17
Hebreos 6 - 9

Notas

Aprecio El Conflicto de los Siglos más que la plata y el oro, y deseo grandemente que sea llevado a la gente. Mientras escribía el manuscrito de El Conflicto de los Siglos, a menudo estaba consciente de la presencia de los ángeles de Dios. Y muchas veces las escenas acerca de las cuales he estado escribiendo me eran presentadas de, nuevo en visiones de la noche, de manera que estaban frescas y vívidas en mi mente. Los resultados de la circulación de este libro [El Conflicto de los Siglos] no han de juzgarse por lo que ahora se ve. Leyéndolo, algunas almas serán despertadas y tendrán valor para unirse de inmediato con los que guardan los mandamientos de Dios.

Diciembre

Diciembre 18

Hebreos 10 - 11

Notas

Pero un número mucho mayor que lo lea no tomará su decisión hasta que vea que los propios acontecimientos que han sido predichos están ocurriendo. El cumplimiento de algunas de las predicciones inspirará fe de que otros también ocurrirán, y cuando la tierra sea alumbrada con la gloria del Señor, en la hora final, muchas almas harán su decisión con respecto a los mandamientos de Dios como resultado de este instrumento.

Diciembre

Diciembre 19

Hebreos 12, Santiago 1

Dios me dio la luz contenida en El Conflicto de los Siglos y en Patriarcas y Profetas, y esta luz era necesaria, para despertar a la gente a fin de que se preparara para el grande e inminente día de Dios. Estos libros contienen el llamamiento directo de Dios al pueblo. Así él habla a los hombres con palabras conmovedoras, instándoles con urgencia a prepararse para su venida. La luz que Dios ha dado en estos libros no debe ser ocultada.

Diciembre 20

Santiago 2 - 5

Yo sé que la declaración que se ha hecho de que estos libros no pueden ser vendidos, no es verdadera. Yo lo sé; porque el Señor me ha mostrado que esto se ha dicho porque los planes humanos han bloqueado el camino para su venta. No puede negarse que estas obras no fueron el producto de alguna mente humana; son la voz de Dios que habla a su pueblo, y tendrán una influencia sobre las mentes que otros libros no tienen. Muchos se apartarán de la fe y prestarán oído a espíritus seductores. Patriarcas y Profetas y El Conflicto de los Siglos son libros especialmente adaptados a los que acaban de abrazar la fe, para que puedan ser establecidos en la verdad.

Heme aquí - **379**

Diciembre
21
1 Pedro 1 - 5

Notas

Se señalan los peligros que deben ser evitados por las iglesias. Los que se familiaricen en forma cabal con las lecciones presentadas en estos libros verán los peligros que los acosan, y podrán discernir la senda sencilla y recta en ellos trazada. Serán guardados de desviarse por sendas extrañas. Harán derechos pasos a sus pies, no sea que lo cojo salga fuera del camino. Despiértese el interés en la venta de estos libros. Su venta es esencial, porque contienen la instrucción oportuna del Señor. Deben ser apreciados como libros que traen a la gente la luz que se necesita especialmente ahora.

Diciembre
22
2 Pedro 1, 1 Juan 1

Notas

Por lo tanto estos libros deben ser ampliamente distribuidos. Los que hagan un cuidadoso estudio de la instrucción contenida en ellos, y la reciban como del Señor, serán guardados de muchos de los errores que se están introduciendo. Los que aceptan las verdades contenidas en estos libros no serán descarriados por falsos caminos. La circulación de nuestras publicaciones sobre salud es una de las obras más importantes. Es una obra en la cual todos los que creen en las verdades especiales para este tiempo debieran tener un interés vivo. Dios desea que ahora, como nunca antes, la mente de la gente sea conmovida profundamente para investigar la importante cuestión de la temperancia y los principios que fundamenta la verdadera reforma higiénica.

Diciembre 23

1 Juan 2, 2 Juan 1

Notas

La verdadera religión y las leyes de la salud van de la mano. Es imposible trabajar por la salvación de lo hombres y mujeres sin presentarles la necesidad de romper con sus pecaminosas complacencias, que destruyen la salud, rebajan el alma, e impiden que la verdad divina impresione la mente. El evangelio de la salud tiene hábiles abogados, pero su obra ha sido muy dificultada debido a que tantos pastores, presidentes de asociaciones y otras personas que están en puestos de influencia, han dejado de dar al asunto de la reforma pro salud la debida atención. No la han reconocido en su relación con la obra del mensaje como el brazo derecho del cuerpo.

Diciembre

24
3 Juan 1, Judas 1

Aunque se ha manifestado muy poco respeto hacia este departamento de parte de muchas personas y de algunos pastores, el Señor ha manifestado su consideración por él dándole abundante prosperidad. Cuando es debidamente dirigida, la reforma higiénica es una cuña de entrada, que abre el camino para que otras verdades alcancen el corazón. Cuando el mensaje del tercer ángel sea recibido en su plenitud, a la reforma pro salud se le dará su lugar en las deliberaciones de la junta directiva de la asociación, en la obra de la iglesia, en el hogar, en la mesa, y en todos los arreglos de la familia. Entonces el brazo derecho servirá y protegerá al cuerpo.

Diciembre 25

Apocalipsis 1 - 3

Notas

Nuestras publicaciones sobre salud constituyen la mano ayudadora del Evangelio, y abren la puerta para que la verdad entre y salve a muchas almas. Yo no conozco ninguna otra cosa que tan rápidamente abra los corazones como esta clase de material de lectura, el cual, leído y practicado, induce a las almas al escudriñamiento de la Biblia y a una mejor comprensión de la verdad. Los colportores deben destacar las publicaciones sobre salud ante aquellos que visitan, diciéndoles cuán útiles son en el tratamiento de las enfermedades.

Diciembre

Diciembre 26

Apocalipsis 4 - 7

Las publicaciones sobre la reforma higiénica alcanzarán a muchos que no verán ni leerán nada sobre los importantes temas bíblicos. . . . La verdad sobre la reforma pro salud debe ir a la gente. Es esencial a fin de captar la atención sobre las verdades bíblicas. Dios, exige que su pueblo sea temperante en todas las cosas. A menos que sus hijos practiquen la temperancia, no serán ni podrán ser santificados por la verdad. Sus mismos pensamientos y sus mentes se depravaran.

Diciembre
27
Apocalipsis 8 - 10

Muchas de las personas consideradas como desesperadamente depravadas, si se las instruyera en forma adecuada con respecto a sus prácticas antihigiénicas, serían conquistadas con la verdad. Entonces podrían ser elevadas, ennoblecidas, santificadas, y convertidas en vasos adecuados para uso del Maestro. Salid con vuestras manos llenas de un material de lectura apropiado, y vuestro corazón lleno del amor de Cristo por las almas, alcanzándolas donde están.

Diciembre 28

Apocalipsis 11 - 13

Notas

Se me ha mostrado que al dar atención a este ramo de la obra quitáis una gran cantidad de prejuicios de muchas mentes, que ha obstaculizado el camino para recibir la verdad y leer las publicaciones que presentan la verdad que creemos. Este asunto no debe ser pasado por alto, como sin importancia, pues casi cada familia necesita ser impresionada sobre este asunto, y su conciencia despertada para poner en ejecución la Palabra de Dios con respecto a la práctica de negarse a complacer el apetito.

Heme aquí

Cuando hacéis que las personas comprendan la cuestión de la reforma pro salud, habéis preparado el camino para que den atención a la verdad presente para estos últimos días. Dijo mi guía: "Educad, educad, educad". La mente debe ser alumbrada; la comprensión está entenebrecida hasta el punto que Satanás quisiera que lo fuera, porque él puede hallar acceso a través del apetito pervertido, para degradar el alma.

Diciembre 30

Apocalipsis 17 - 19

Me informó mi guía: "Todos los que creen y proclaman la verdad no solamente deben practicar la reforma pro salud, sino enseñarla diligentemente a otros". Esta será un poderoso instrumento para llamar la atención de los no creyentes a considerar que si tratamos con inteligencia el tema relativo a un régimen alimentarlo y prácticas saludables, también será correcto nuestro punto de vista sobre los temas de las doctrinas bíblicas.

Diciembre 31

Apocalipsis 20 - 22

El Señor llama obreros para que entren en el campo del colportaje. El desea que se difundan los libros sobre la reforma pro salud. Mucho depende de la cuestión de la reforma higiénica. Jóvenes y señoritas deben tomar nuestros libros sobre una vida sana y salir entre la gente, haciendo todo lo que les sea posible para hacer progresar la obra de la reforma pro salud. Hay muchos en el mundo que están ansiosos de saber más con respecto a estos principios.

*Cuán hermosos son sobre los montes los pies
del que trae alegres nuevas,
del que anuncia la paz,
del que trae nuevas del bien,
del que publica salvación,
del que dice a Sion:
Tu Dios reina!*
Isaías 52:7

Made in the USA
Columbia, SC
11 November 2021